VOUS ET VOTRE BEAGLE

Couverture
- Conception graphique:
  Anne Bérubé
- Photos:
  Bernard Petit
- Illustration:
  Anik Lafrenière

Les beagles PIN OAKS FIRE AND ICE dite Ginger et VALGAI FLEVAIS dit Max appartiennent à l'éleveur Louise Prince.

Maquette intérieure
- Infographie
  Laurent Trudel
- Photos:
  François Laberge

- Conseiller canin:
  Daniel Xenos,
  12 324 Lachapelle,
  Cartierville Tél.: 331-0797

Équipe de révision
Patricia Juste, Christiane Lacroix, Linda Nantel, Paule Noyart, Ginette Patenaude, Robert Pellerin, Jacqueline Vandycke

DISTRIBUTEURS EXCLUSIFS:

- Pour le Canada:
  AGENCE DE DISTRIBUTION POPULAIRE INC.*
  955, rue Amherst, Montréal H2L 3K4 (tél.: 514-523-1182)
  * Filiale de Sogides Ltée

- Pour la France et autres pays:
  INTER-FORUM
  13, rue de la Glacière, 75013 Paris (tél.: (1) 43-37-11-80)

- Pour la Belgique et autres pays:
  S. A. VANDER
  Avenue des Volontaires, 321, 1150 Bruxelles
  (tél.: (32-2) 762.98.04)

- Pour la Suisse et autres pays:
  TRANSAT S.A.
  Route des Jeunes, 19, C.P. 125, 1211 Genève 26
  (tél.: (22) 42.77.40)

VOUS ET VOTRE BEAGLE

MARTIN EYLAT

LES ÉDITIONS DE L'HOMME *

CANADA: 955, rue Amherst, Montréal H2L 3K4

*Division de Sogides Ltée

Données de catalogage avant publication (Canada)

Eylat, Martin

    Vous et votre beagle

    (Collection Nos animaux)

    2-7619-0686-1

    1. Beagles. I. Titre. II. Collection.

SF429.B3E94 1987   636.7'53   C87-096217-5

Bibliothèque nationale du Québec
Dépôt légal — 3e trimestre 1987

ISBN 2-7619-0686-1

À Marcel et Ella Leibovici,
amicalement

La carte d'identité

C'est un merveilleux compagnon pour les enfants et il se laissera
entraîner dans tous les jeux...

Ses origines

Savez-vous que Élizabeth Ire d'Angleterre (1558-1603) de la maison des Tudor était une grande admiratrice de Beagles?

Les Beagles, en ce temps-là, étaient fort petits, et la reine avait hérité de ses ancêtres d'une meute de petits Beagles qui mesuraient tous moins de... 25 cm. Certains même mesuraient à peine 18 cm!

Grâce à leur petite taille, on transportait toute la meute — je dis bien *toute* la meute — dans des sacoches d'arçon jusqu'au terrain de chasse.

C'est de cette époque que datent les appellations *Pocket-Beagle* (Beagle de poche), *Glove-Beagle* (Beagle de gant), *Dwarf-Beagle* (Beagle nain) et Beagle-Élizabeth en souvenir de la reine qui les prisait tant.

Évidemment le Beagle contemporain a repris une taille acceptable pour la chasse au petit comme au gros gibier.

Il n'empêche que son nom de Beagle viendrait du mot celtique *beag* ou *begle* en vieil anglais, les deux mots signifiant «petit». Autre curiosité: les aboiements du

Beagle sont particulièrement doux et harmonieux, ce qui ajoute beaucoup au plaisir de la chasse; il a d'ailleurs reçu le surnom de *Singing Beagle* (Beagle chantant). Le Beagle est incontestablement un chien de chasse. Il poursuivra sans fatigue le petit et le gros gibier. Il est utilisé surtout pour la course au lièvre et pour la chasse à tir du chevreuil, du sanglier et du renard.

On se sert parfois des Beagles en meute, souvent suivis de chasseurs à cheval, mais le plus souvent on chassera avec un seul Beagle ou avec un couple, les chasseurs étant à pied.

L'intérêt pour le Beagle augmenta en Amérique du Nord lorsque le gibier des hautes terres disparut et que les chasseurs se rabattirent sur la chasse au lièvre pour laquelle le Beagle est imbattable. Dès que le lièvre est poursuivi, il a tendance à décrire de grands cercles dans sa course. Le chasseur peut pratiquement rester sur place et écouter la voix chantante du Beagle, en attendant que le lièvre se rapproche de son fusil ou se mette à couvert. La variation du ton dans la voix du chien avertit le chasseur.

Aux États-Unis et au Canada, les courses de Beagles sont très prisées. Ces courses peuvent durer quatre jours et même plus. Les épreuves sont déterminées selon le sexe et la taille des participants. Ces courses sont organisées par le Kennel Club.

Le Beagle est également un chien de compagnie très agréable; toujours de bonne humeur, il est d'une gentillesse extraordinaire.

Il est un merveilleux compagnon pour les enfants et se laissera entraîner dans tous les jeux; son tempérament bonasse lui fera accepter bien des caprices des enfants, si ceux-ci n'en abusent pas, évidemment.

Il pourrait être un bon gardien si on lui apprend à ne

pas japper à tout bout de champ ni à grogner trop souvent. Le Beagle aura un seul maître qu'il suivra partout et même se «collera à lui». À vous de lui montrer les limites que vous pouvez accepter et de lui faire comprendre qu'une certaine indépendance... vous ferait du bien. Il est malheureusement très recherché par les laboratoires d'expérimentation animale. Avant de prendre la décision d'acheter un Beagle, il serait bon que vous consultiez un conseiller canin qui saura vous guider dans votre choix, surtout si vous désirez un chien de compagnie. Il tiendra compte de votre façon de vivre et de ce que vous attendez d'un chien. Il pourra déterminer si la personnalité du Beagle ne risque pas de se heurter à la vôtre, si son tempérament ne risque pas de vous irriter, si vous disposez du temps nécessaire pour vous en occuper, si l'endroit où vous vivez est suffisamment grand pour le satisfaire, etc.

Grâce aux conseils avisés d'un conseiller canin, vous pourrez être certain d'avoir fait le bon choix.

Nous vous proposons plus loin le test de Campbell, composé de cinq exercices, que vous pourrez faire passer à votre Beagle dès l'âge de sept semaines afin de mieux cerner ses tendances fondamentales. Vous pouvez aussi exiger, à l'achat, que votre conseiller canin fasse lui-même passer ces tests.

Ainsi, vous aurez près de vous un animal merveilleux, et vous récolterez les fruits de votre recherche approfondie et du dressage approprié que vous donnerez à votre chien, dressage qui doit être ferme et énergique. Nous aborderons le dressage du Beagle dans un autre chapitre.

Les traits de caractère du Beagle

Ses qualités

Les qualités principales du Beagle sont sa très grande intelligence liée à une obstination implacable quand il s'agit de poursuivre le gibier. Son flair exceptionnel, sa grande robustesse au travail en font un excellent chien de chasse.

Enseignez-lui les choses de la vie avec constance; son intelligence lui permettra de les comprendre aussitôt et il sera inutile de répéter plusieurs fois une leçon, à moins qu'il ne soit dans une période d'entêtement... Il apprendra avec bonne humeur, avec joie même, ce que vous désirez qu'il sache.

Sa douceur proverbiale vous fera fondre et il vous sera bien difficile de le punir s'il a fait une quelconque bêtise; son regard vous en empêchera.

Ses défauts

Le dressage du Beagle devra se faire énergiquement, sans faiblesse, mais sans brutalité non plus. Il pourrait employer son intelligence à ne pas vous obéir; à vous d'apprendre la manière de vous faire comprendre et de vous faire obéir.

Il lui arrive de se sauver mais, s'il ne rencontre rien d'intéressant sur sa route, il vous reviendra assez vite. Vous devrez l'habituer à reconnaître le chemin de votre maison: il pourrait, sinon, se perdre, ne sachant comment rentrer au bercail.

Lorsque vous déciderez de devenir le maître de ce chien si intelligent, veillez à plusieurs choses. D'abord repérez le chiot qui viendra le premier vers vous et, si vous êtes également attiré par lui, sachez qu'il y a de fortes chances pour que s'établissent entre vous des liens durables. Consultez quand même le conseiller canin: il pourrait découvrir certains défauts qui auraient pu vous échapper.

Examinez attentivement les oreilles et les yeux du chien: ils ne doivent pas présenter d'écoulement suspect; les muscles doivent être solides et le pelage impeccable. Soulevez les poils pour vous assurer que la peau est totalement dépourvue de parasites et de squames.

Faites examiner sans faute, par un vétérinaire, le chiot que vous désirez acquérir afin d'être certain qu'il n'est pas malade. Si le vendeur refuse de vous donner le chien pour que vous le fassiez ausculter par votre vétérinaire, ne l'achetez pas.

Votre Beagle devra être *parfait*; examinez-le d'après chacun des standards qui suivent.

Les standards du Beagle

L'apparence générale

Très joli chien, aussi long que haut; charpenté, râblé, musclé, très compact, vif et remuant au possible; très familier, donnant une grande impression de force et d'énergie.

La tête

Forte, sans être lourde: crâne large et arrondi en dôme, aplati à sa partie supérieure; os occipital non visible, mais sensible; cassure du nez bien accusée.

La truffe

Le nez est bien noir; les narines, fortes et bien ouvertes.

Le chanfrein

Droit, le museau n'est pas long, mais il est en carrure affinée, ne devant jamais paraître pointu ou pincé.

Les babines

Les lèvres recouvrent bien la mâchoire inférieure.

Les oreilles

Les oreilles doivent être assez longues, sans dépasser toutefois la longueur du museau; larges et plates, assez souples, mais non pas fines, attachées assez haut. Elles sont portées un peu en avant, avec rebord antérieur dans leur partie supérieure, et bien arrondies à leur extrémité.

Les yeux

Les yeux, en raison de la largeur du front, ne sont pas trop rapprochés; ils sont assez gros, ronds, à fleur de tête, brun foncé, vifs et affectueux, souvent bordés de noir.

Le cou

Moyennement long, puissant, ce qui le fait paraître un peu court. Une très légère trace de fanon est admise.

Les épaules

Elles sont légèrement obliques, fortes et très musclées.

Les membres antérieurs

Avant-bras droit; coude et membres parfaitement d'aplomb. Membres très forts, musclés, donnant l'aspect d'un petit chien puissant et près de terre; paturons forts et plutôt droits.

Les pieds

Ronds, toujours très serrés; doigts forts, bien arqués; sole compacte et très développée.

La poitrine

Large et profonde, bien descendue, composant une forte cage thoracique.

Les côtes

Fortes et arrondies; les fausses côtes sont très développées.

Le dos

Plat et très musclé.

L'arrière-train

Bien attaché, soutenu, très musclé.

Les flancs

Pleins et très descendus.

Les hanches

Bien détachées obliques et fortes.

Les cuisses

Très musclées, très puissantes.

Les jarrets

Arqués sans exagération.

Le fouet

Plutôt court, attaché haut, porté en sabre et gaiement; fort à la naissance, assez épais, mais fin à son extrémité.

La robe

Bicolore ou tricolore; on voit quelquefois reparaître dans les portées des sujets gris-bleu à taches noires (*Blue Mottled*), d'autres blanc et feu (*Lemon*). En France, les tricolores sont sélectionnés mais ce n'est pas une raison pour disqualifier, dans un concours, des vieilles couleurs qui existaient à l'origine de la race.

Le poil

Bien plat, très dense, ni trop court, ni trop fin.

La peau

Blanche et noire.

La taille

De 33 cm à 41 cm.

Les défauts

Tête étroite; tête bouledoguée, c'est-à-dire stop trop accusé, au museau lourd et d'apparence camuse; oreilles papillotées ou en V; yeux petits ou très rapprochés; feu charbonné sur la tête; encolure fine; dos mou; rein long; coudes en dehors; cuisses plates; pieds plats; fouet trop long, trop gros ou tordu. Truffe ladrée; prognathisme; bourses décolorées.

La classification internationale

La Fédération cynologique internationale (14, rue Léopold-II, 6530 Thuin, Belgique), regroupant les sociétés nationales canines de la plupart des pays européens, a établi une classification des races de chiens afin de faciliter l'organisation des expositions et des concours.

Cette classification comprend 10 groupes et le Beagle appartient au 6e groupe, celui des chiens courants pour petit gibier.

En voici la liste:

1er groupe: chiens de berger

2e groupe: chiens de garde, de protection et de trait;

3e groupe: terriers;

4e groupe: teckels;

5e groupe: chiens courants pour gros gibier;

6e groupe: chiens courants pour petit gibier;

7e groupe: chiens de chasse (sauf de race britannique);

8e groupe: chiens de race britannique;
9e groupe: chiens d'agrément ou de compagnie;
10e groupe: lévriers.

Le sixième groupe, les chiens courants pour petit gibier, auquel appartient notre Beagle, est composé des chiens suivants:

A. soumis aux épreuves de travail:
   Petit bleu de Gascogne
   Petit Gascon-Saintongeois
   Ariégeois
   Chien d'Artois
   Porcelaine
   Beagle-Harrier
   Griffon nivernais
   Briquet-Griffon vendéen
   Griffon fauve de Bretagne
   Griffon bleu de Gascogne
   Basset artésien-normand
   Basset bleu de Gascogne
   Basset fauve de Bretagne
   Basset Griffon Vendéen
   Beagle
   Harrier
   Anglo-Français tricolore
   Anglo-Français blanc et noir
   Anglo-Français blanc et orange
   Anglo-Français (issu du croisement du Beagle ou Beagle-Harrier avec des races françaises du 6e groupe à poil ras)
   Basset-Hound
   Chiens courants suisses:
      Chien courant bernois
      Chien courant lucernois
      Chien courant du Jura, type Bruno

Chien courant du Jura, type Saint-Hubert
Petit chien courant suisse
Dachsbracke
B. non soumis aux épreuves de travail:
Cicerno de l'Etna
Basenji
Rhodesian Ridgeback
Podenco Ibicenco
Le système de classification américain, présenté par **l'American Kennel Club**, est accepté par les États-Unis, le Canada, le Mexique et tout le continent sud-américain. La classification comprend six groupes:
Les chiens de chasse
Les chiens courants
Les terriers
Les chiens de travail
Les chiens d'agrément
Les chiens miniatures
Notre Beagle appartient au groupe des chiens courants:
Basenji
Basset
Beagle
Borzoi (lévrier russe)
Coonhound (noir et marron)
Dachshund (Teckel)
Elkhound de Norvège
Foxhound américain
Foxhound anglais
Harrier
Irish Wolfhound (Lévrier irlandais)
Lévrier Afghan
Lévrier
Lévrier d'Écosse (Scottish deerhound)

Lévrier Ibizan
Otterhounds
Rhodesian Ridgeback
Saint-Hubert (blood hound)
Saluki (Lévrier persan)
Whippet

Les tests

Il n'existe pas de règle quant à l'âge du chien en ce qui a trait aux tests de caractère. Il est préférable, dit-on, de les faire passer à l'âge de sept semaines, alors que le caractère du chien est encore tout neuf et n'a pas encore été influencé par votre éducation.

Quoi qu'il en soit, soumettez au test votre chien, ou le chien que vous voudriez acquérir, même s'il est plus âgé.

Vous vous isolerez avec le chiot dans un endroit calme et dépourvu de toute source de distractions qui pourraient fausser les résultats.

Le test de William Campbell est certainement parmi les meilleurs; il se compose de cinq exercices:
1. Test d'attraction sociale
2. Test de suite
3. Test de contrainte
4. Test de dominance sociale
5. Test de position élevée

Instructions générales à suivre tout au long du test: agissez calmement et en douceur; ne faites au chiot ni reproches ni compliments; ne relevez aucune de ses bêtises.

Vous cocherez les lettres de la table de Campbell correspondant aux réactions du sujet.

1. Test d'attraction sociale

Posez le sujet par terre et éloignez-vous d'environ 3 m. Mettez-vous à genoux et appelez-le en tapant légèrement dans vos mains. Si le chien vient vers vous, vous aurez la preuve de sa confiance.

2. Test de suite

Placez le sujet par terre très près de vous, puis éloignez-vous en marchant normalement et en le regardant. S'il ne vous suit pas, vous aurez la preuve de son indépendance. S'il vous suit, vous aurez la preuve de son obéissance.

3. Test de contrainte
(durée: 30 secondes)

Couchez le sujet sur le dos et roulez-le en douceur pendant 30 secondes en le maintenant avec une main sur la poitrine. S'il se laisse faire, vous saurez qu'il accepte d'être dominé physiquement par son maître. Il ne vous attaquera jamais par la suite.

4. Test de dominance sociale
(durée 30 secondes)

Couchez le sujet par terre et appuyez sur le sommet de son crâne en détournant sa tête vers son cou. S'il essaie de se dégager, de mordre ou s'il gronde, vous aurez la preuve qu'il n'aime pas être dominé. S'il est indépendant, il essayera de s'écarter. S'il est obéissant, il ne réagira pas et se laissera faire. Ce test est important pour évaluer son degré d'adaptation aux autres chiens.

5. Test de position élevée
(durée: 30 secondes)

Soulevez le sujet de terre, les deux mains entrelacées sur son ventre et gardez-le ainsi pendant 30 secondes. S'il reste tranquille, s'il ne s'agite pas, vous aurez la preuve que sa confiance en vous est totale. Vous cocherez les lettres du tableau ci-dessous et vous analyserez les résultats. Retenez la tendance générale, ne vous arrêtez pas à un détail. Ce test vous donnera une idée générale de la personnalité du sujet.

Beaucoup de A ou de B signifient que vous avez affaire à un bagarreur, prêt à mordre et dangereux pour les faibles. Il sera parfait à condition d'être bien dressé.

Beaucoup de B sans A donnent un sujet indépendant capable de vivre en semi-liberté, obligatoirement dans une grande propriété ou à la campagne.

Le C représente un sujet obéissant et sera un parfait chien de compagnie, celui dont vous voulez faire votre compagnon et ami.

Le D sera un chien qui ne vous quittera pas d'une semelle. Il ne faudra pas élever la voix contre lui, c'est un tendre. Si vous êtes dans l'obligation de le laisser seul chez vous pendant la journée, il vaut mieux ne pas l'acheter, vous le rendriez malheureux.

Les E sont difficiles à comprendre; ils ont toujours peur, sont craintifs et se cachent sous les meubles, au moindre bruit.

Vous cocherez donc la lettre qui vous semble la plus appropriée à la réaction du sujet:

29

Table de Campbell

Note (A B C D E)

Test d'attraction sociale

Vient facilement, queue haute, en sautillant et en mordillant les mains	A
Vient aisément, queue haute, en piaffant vers les mains	B
Vient aisément, mais queue basse	C
Vient en hésitant	D
Ne vient pas du tout	E

Test de suite

Suit facilement, queue haute, en essayant de mordiller les pieds	A
Suit facilement, queue haute, vient aux pieds	B
Suit facilement, queue basse	C
Suit en hésitant, queue basse	D
Ne suit pas, ou à distance	E

Test de contrainte (30 secondes)

Lutte vigoureusement, se débat et mord	A
Lutte vigoureusement, se débat, mais ne mord pas	B
Lutte un temps, puis abandonne	C
Ne bouge pas, subit la pression de la main	D

Test de domination sociale (30 secondes)

Bondit, piaffe ou griffe, mord, gronde	A
Bondit, piaffe	B
Lutte un temps, puis abandonne	C

Ne bouge pas, subit la pression de la main   D

Test de position élevée (30 secondes)

Se débat beaucoup, mord, gronde   A
Se débat beaucoup   B
Se débat, s'arrête, lèche   C
Ne bronche pas   D

INSCRIRE LE TOTAL DES A, B, C, D, E.

Si les résultats donnent 2 A ou plus avec des B:
Réaction agressive. Possibilité de morsures si
manipulé sans douceur.
Dressage: gentiment avec patience.
Conseillé: foyer calme et paisible; devien-
               dra un excellent chien de garde.

Déconseillé: maison où habitent des bébés ou
               des personnes âgées.

Si les résultats donnent 3 B ou plus:
Tendance à vouloir dominer tout en étant loyal.
Bon pour la compétition.
Dressage: possibilités excellentes; peut être
               dressé aux concours de travail.
Déconseillé: foyers comprenant de jeunes
               enfants.

Si les résultats donnent 3 C ou plus:
Chien s'adaptant facilement à toutes situations.
Conseillé: compagnie d'enfants et de per-
               sonnes très âgées.

*Si les résultats donnent 2 D ou plus (surtout avec
un E ou plus):*

31

Chien fortement soumis, ayant un grand besoin d'affection et de compliments.

Dressage: plutôt une éducation qu'un dressage; beaucoup d'amour pour susciter la confiance en son maître et dans les autre personnes de son entourage.

Conseillé: compagnie d'enfants; ne mordra que si on l'agace, et seulement pour se défendre.

Déconseillé: foyers comprenant de jeunes enfants.

La bonne réponse

Très joli chien, aussi long que haut; charpenté, râblé, musclé, très compact.

Sa nourriture

Votre Beagle, comme d'ailleurs tous les chiens, mange de tout. Vous pouvez facilement le comparer à l'homme: il pourra se nourrir d'aliments en conserve ou de nourriture sèche, tout comme il pourra observer un régime alimentaire varié que vous lui préparerez avec amour et soin. N'oubliez pas de le faire jeûner de temps en temps, il n'en retirera que des bienfaits.

La nourriture proposée actuellement par les grandes marques d'aliments pour chien est parfaitement équilibrée, qu'elle soit sèche ou humide. Vous pouvez également préférer préparer vous-même les repas de votre chien; mais cela ne doit pas être parce que vous pensez que les aliments vendus dans le commerce ne sont pas suffisamment équilibrés, mais parce qu'il vous fait plaisir de le faire et que vous disposez du temps nécessaire.

Si à l'origine le chien était carnivore, sa domestication l'a rendu omnivore, c'est-à-dire qu'il peut maintenant manger de tout: aussi bien de la viande que n'importe quel autre aliment. Il vous faudra veiller à ce que son régime alimentaire soit bien équilibré, en fonction de son âge, de son état de santé, de sa condition (gestation, lac-tation, etc.), de ses activités et des conditions climatiques dans lesquelles il vit.

Vous devez savoir qu'il est actuellement conseillé de ne pas offrir à votre chien de la viande crue, mais de tou-jours la faire bouillir afin d'éviter des infections.

Vous devez noter également que la nourriture sèche a l'avantage de maintenir les dents de votre Beagle en bon état. En effet, c'est en croquant des aliments durs qu'il nettoie ses dents et empêche le tartre de se former. Il évi-tera ainsi la formation d'un foyer d'infection.

Sachez que certaines grandes marques ont mis au point des aliments qui à eux seuls sont capables de guérir certaines maladies canines, comme, entre autres, les pro-blèmes rénaux et hépatiques.

Si vous tenez à préparer la nourriture de votre chien suivant l'ancienne mode, vous avez à prendre en consi-dération plusieurs points:

Selon l'école moderne, dès le 22e jour, vous pouvez commencer à lui offrir de la nourriture sèche rendue molle par adjonction d'eau, afin de l'entraîner à laper. Conti-nuer ainsi tout au long de sa croissance en ajoutant de moins en moins d'eau à sa nourriture.

À trois semaines

Selon une école plus ancienne, jusqu'au 22e jour environ, les chiots sont nourris exclusivement par leur mère. Ensuite, vous devez leur donner un peu de lait en supplément.

À six semaines

Vous commencerez à leur donner des bouillies à

base de viande hachée et, selon l'avis de votre vétérinaire, des vitamines. Néanmoins la principale source d'alimentation, à cet âge, demeure l'allaitement maternel qu'il ne faudra, en aucun cas, interrompre. Sachez qu'une chienne de grande taille produit de 60 à 100 litres (63 à 105 pintes) de lait en six semaines.

Le sevrage

Le sevrage commence à deux mois. Le chiot devra s'habituer progressivement à une nourriture plus solide; donnez-lui:

1. Le matin, une petite tasse de lait, 5 ml (1 c. à thé) d'huile de foie de morue phosphorée (après avoir demandé l'avis de votre vétérinaire).
2. Vers le milieu de la journée, 40 g (un peu moins de 1/4 de tasse) de viande hachée, de préférence du boeuf maigre (préparez de petites boulettes que vous donnerez au chiot l'une après l'autre).
3. Dans l'après-midi, une petite tasse de lait mélangée à 5 ml (1 c. à thé) de lactose.
4. Au souper, 30 g (un peu plus de 1/8 de tasse) de viande hachée, un biscuit pour chien et un peu de légumes verts remplacés à l'occasion par du riz.
5. Avant son coucher, 225 ml (1 tasse) de lait tiède, s'il en a l'envie.

À trois mois

1. Le matin, du pain grillé, des biscuits en plus grande quantité et 225 ml (1 tasse) de lait enrichi de lactose.

2. Vers le milieu de la journée, 60 g (1/4 de tasse) de boeuf haché et 10 ml (1 c. à thé) d'huile de foie de morue (sur avis de votre vétérinaire).
3. Dans l'après-midi, 60 g (1/4 de tasse) de boeuf haché, du pain grillé ou des biscuits ainsi que 2 c. à soupe (2 c. à table) de riz bouilli ou de légumes cuits.

À quatre mois

1. Le matin, une grande tasse de lait enrichi de lactose, plusieurs tranches de pain grillé ou des biscuits et 5 ml (1 c. à thé) d'huile de foie de morue (sur avis de votre vétérinaire).
2. Vers le milieu de la journée, 60 g (1/4 de tasse) de boeuf haché, ainsi que quelques cuillerées à soupe (cuillerées à table) de riz ou de légumes cuits et trois tranches de pain grillé.
3. Dans l'après-midi, 60 g (1/4 de tasse) de boeuf haché.
4. Au souper, 225 ml (1 tasse) de lait enrichi de lactose et 15 ml (1 c. à table) d'huile de foie de morue (sur avis de votre vétérinaire).

À cinq mois

1. Le matin, 225 ml (1 tasse) de lait enrichi de lactose, plusieurs tranches de pain grillé ou des biscuits pour chien et 5 ml (1 c. à thé) d'huile de foie de morue (sur avis de votre vétérinaire).
2. Vers midi, environ 60 g (1/4 tasse) de boeuf haché.
3. L'après-midi, environ 110 g (1/2 tasse) de boeuf haché, du pain grillé ou des biscuits pour chien

et une petite louche de légumes cuits ou de riz.

4. Au souper, une grande tasse de lait enrichi de lactose et 1 c. à soupe (1 c. à table) d'huile de foie de morue (sur avis de votre vétérinaire).

À six mois

1. Le matin, 0,5 litre de lait (2 1/2 tasses) de lait, trois à quatre tranches de pain grillé ou des biscuits pour chien et, si vous arrivez à convaincre votre chien, un jaune d'oeuf cuit.
2. Vers le milieu de la journée, 175 g (3/4 de tasse) de boeuf haché ainsi qu'un peu de foie.
3. Au souper, 175 g (3/4 de tasse) de boeuf haché (que vous pouvez mélanger à de la viande de cheval), une louche de légumes verts cuits ou de riz, de blé, d'avoine ou d'orge cuit, et 1 c. à soupe (1 c. à table) d'huile de foie de morue (sur avis de votre vétérinaire).

De sept à onze mois

Donnez-lui une alimentation semblable à celle du Beagle adulte mais moins copieuse, en tenant compte de sa musculature et de son ossature. Veillez à ne pas le suralimenter et ne continuez à lui donner de l'huile de foie de morue que si votre vétérinaire vous le conseille. Donnez-lui les quantités suivantes:

1. Le matin, 0,5 litre (2 1/2 tasses) de lait entier, du pain grillé, un oeuf cru et 5 ml (1 c. à thé) d'huile de foie de morue (sur avis de votre vétérinaire).
2. Au repas du midi, 175 g (3/4 de tasse) de boeuf haché, un peu de foie et quelques cartilages pour fortifier ses mâchoires.

3. Au souper, 175 g. (3/4 de tasse) de viande hachée et deux louches de légumes cuits ou de riz. Remarquez les légumes que votre Beagle préfère et digère le mieux: même si cela vous occasionne plus de travail, faites votre choix selon ces critères.

De onze à douze mois

Donnez-lui seulement deux repas par jour. Selon ses activités et les conditions climatiques, vous pourrez ne lui donner qu'un repas par jour. Pour un régime de deux repas, préparez-lui:

1. Le matin, 0,5 litre (2 1/2 tasses) de lait, un ou deux jaunes d'oeufs, deux biscuits pour chien et 5 ml (1 c. à thé) d'huile de foie de morue, si besoin est.

2. Au souper, 350 g (1 1/2 tasse) de viande coupée en morceaux mélangée à environ deux louches de riz, de légumes, d'un peu de céréales et de pommes de terre ou de pâtes, ainsi que quelques tranches de pain.

À l'âge d'un an, votre Beagle sera devenu un chien adulte. Après l'avoir observé pendant un an dans les différents stades de son «adolescence» vous connaîtrez parfaitement ses goûts et ses habitudes.

Ne vous inquiétez pas trop quand votre Beagle refuse sa nourriture: il y a peut-être un élément de sa pâtée qui ne lui plaît pas. Essayez de le convaincre de manger ce que vous lui proposez; si, malgré vos efforts, vous n'y parvenez pas, acceptez son choix et prenez ses goûts en considération.

Il se pourrait également que les goûts de votre compagnon changent; là encore il vous faudra vous incliner et découvrir, en tâtonnant, ses nouvelles préférences alimentaires.

Si vous avez décidé de faire de votre Beagle *un chien de chasse* à temps plein, il aura besoin d'une nourriture plus abondante. Vous devrez alors lui donner: 450 g (1 lb) de viande; 175 g (3/4 de tasse) de riz, de pâtes ou de céréales; 200 g (3/4 de tasse) de légumes cuits; 175 g (3/4 de tasse) d'aliments préparés pour chien; 5 ml (1 c. à thé) d'huile de foie de morue et des vitamines, si besoin est.

Vous devez savoir que certains chiens, vers l'âge de quatre à cinq mois, ont de la difficulté à digérer le lait. Si vous voyez que votre chien a la diarrhée, ne lui donnez plus de lait mais demandez à votre vétérinaire de lui donner un substitut.

Vous devez savoir également que, pendant longtemps, les éleveurs de chiens ont préféré la viande crue à la viande cuite.

La valeur nutritive des aliments

Les valeurs nutritives des aliments que vous donnez à votre compagnon se divisent en quatre groupes principaux:

- Les *protéines*, contenues dans la viande, constituent l'élément majeur de l'alimentation.
- Les *hydrates de carbone*, contenus dans le pain, les pâtes et les céréales, fournissent l'énergie nécessaire au travail et à l'activité physique.
- Les *matières grasses* fournissent l'énergie et la chaleur nécessaires pour combattre le froid. Leur quantité doit varier selon les saisons et le climat: on peut donner au chien de la viande

grasse en hiver, et de la viande maigre en été.
- Les *minéraux* contenus dans les légumes, les os broyés et dans certains aliments spécialement préparés à cet effet, aident à la formation des os.

Il vous faut également savoir que:
- La *vitamine A* que l'on trouve entre autres, sous forme d'huile de foie de morue est essentielle à la croissance.
- La *vitamine D* prévient le rachitisme, mais il ne faudrait pas en abuser car elle pourrait provoquer la calcification des poumons et des reins.
- La *vitamine C* ne devra être administrée que si le régime alimentaire est mal équilibré. Dans le cas contraire, elle pourrait provoquer des troubles hépatiques.
- La *vitamine B complexe* pour laquelle votre vétérinaire vous conseillera.
- La *vitamine K*, bien qu'elle soit indispensable à la coagulation normale du sang, peut causer des troubles hépatiques ou rénaux.

Consultez toujours votre vétérinaire avant d'administrer des vitamines à votre chien. Un excès de vitamines pourrait provoquer un affaiblissement de l'animal ou la détérioration de son palais.

Certains aliments sont néfastes pour le Beagle:
- le poumon qui gonfle l'estomac et qui est difficile à digérer;
- le gras donné mal à propos, surtout si votre animal a tendance à l'obésité;
- la viande de porc en général;
- les petits os pointus de poulet ou de lapin;
- les lentilles, les pois cassés et les haricots qui sont trop riches en fécule et qui sont difficiles à digérer;

- le chou;
- les condiments comme le poivre, la moutarde, etc.

Ne laissez pas les enfants gâter votre Beagle en lui offrant toutes sortes de sucreries: vous pouvez être certain qu'il deviendrait rapidement obèse. Un morceau de sucre devrait être une récompense exceptionnelle.

Vous devez veiller à ce que votre chien ait toujours de l'eau à sa disposition pour se désaltérer quand il le désire.

Un bon conseil: servez-lui ses repas bien tièdes. Votre compagnon les engloutit immédiatement. Il n'aime pas manger chaud, ce qui ne veut absolument pas dire qu'il aime les aliments froids ou glacés.

La propreté est essentielle: n'oubliez pas de laver tous les jours la gamelle du chien; il est préférable de jeter la pâtée que votre Beagle n'a pas mangée.

Enfin, si vous tenez spécialement à la beauté de votre compagnon et si vous désirez que son poil devienne très luisant, donnez-lui tous les jours soit du yogourt, soit du fromage blanc en grains (fromage cottage), soit du foie de boeuf, soit du boeuf haché mélangé à de la nourriture sèche: vous verrez son poil devenir de plus en plus soyeux, ses muscles, plus souples et son état général s'améliorer. Il ne s'agit pas là de conseils de santé mais de beauté. Vous pouvez également lui donner, deux fois par semaine, de l'huile de maïs et, toujours pour la beauté de son poil, chaque matin, 5 ml (1 c. à table) de margarine de soja.

Il sera un bon gardien si on lui apprend à ne pas japper trop sou-vent.

Son hygiène

Le Beagle n'est pas différent des autres chiens et a besoin d'être bien entretenu par son maître, c'est-à-dire par vous qui êtes, ne l'oubliez pas, responsable de son bien-être quotidien. Il vous en sera d'ailleurs très reconnaissant et vous le montrera par son entrain et par la fierté de son allure. En le gardant propre, vous embellissez sa robe et vous contribuez ainsi à préserver sa santé. Un Beagle bien propre est plus sain et vivra bien plus longtemps; son intelligence sera également plus vive que celle d'un chien qu'on laisse se débrouiller tout seul. Bien que votre Beagle soit très résistant et n'ait pas d'odeur particulière — sauf peut-être par temps humide —, vous devez néanmoins accorder une attention spéciale à sa propreté puisque vous lui permettez de vivre à l'intérieur de votre maison.

Voyons maintenant, d'une manière détaillée, les soins à donner à votre Beagle.

Le brossage

Si vous voulez être fier de votre Beagle, vous devez faire en sorte que ses poils soient toujours bien brossés. Un entretien régulier permettra d'éliminer les poils morts et les différents parasites qui pourraient s'introduire dans son pelage. Vous devez commencer le brossage en humectant la fourrure à l'aide d'un vaporisateur d'eau. Ensuite brossez-la à rebrousse-poil pour bien l'aérer, puis humectez de nouveau. Quand tout son poil est humecté et que l'humidité l'a traversé grâce au massage effectué avec vos doigts, prenez la brosse de fil de fer et commencez sa toilette. Brossez-le toujours dans le sens du poil en commençant par le garrot et en continuant vers l'arrière-train, jusqu'à la queue. Terminez par les pattes. Tout en dépoussiérant votre Beagle, vous enlèverez les poils superflus et lui éviterez de les avaler.

Le brossage donne un beau lustre au pelage de votre compagnon: votre Beagle aura fière allure. Il appréciera tout particulièrement le brossage, surtout si vous le faites énergiquement.

Le bain

Vous devez habituer progressivement votre chien au bain. Ne le faites pas brutalement en le jetant dans l'eau. Si vous voulez qu'il apprécie son bain, vous devez être très patient, jusqu'à ce que cela devienne naturel et routinier.

Un chiot doit être baigné une fois par semaine; par contre, arrivé à l'âge adulte, votre Beagle ne doit être baigné que quatre fois par an au maximum. Le bain ne lui est guère recommandé. Si le chien est vraiment sale, enlevez la saleté superficiellement; sinon vous enlèveriez le gras naturel qui recouvre son poil et qui le protège du soleil et du froid. Demandez conseil à votre vétérinaire; connaissant bien votre chien, il saura vous dire ce qu'il y a lieu de faire en ce qui concerne cet aspect de son hygiène.

En été, lorsqu'il fait beau, vous pouvez le baigner en plein air et le laisser s'ébrouer et sécher au soleil. Veillez à ce qu'il soit à l'abri des courants d'air. En hiver, utilisez un endroit bien fermé et essuyez-le soigneusement pour éviter qu'il n'ait des rhumatismes.

Remplissez la baignoire d'eau tiède à environ 40 °C (104 °F). Toute la partie inférieure du corps de votre Beagle doit être dans l'eau. Pour éliminer les parasites du pelage, employez un shampooing insecticide. Commencez par lui savonner la tête, et continuez dans le sens du poil jusqu'à la queue et terminez par les pattes. Faites-le très soigneusement. Rincez une première fois en évitant de lui mouiller le museau et en protégeant ses oreilles de l'eau. Soyez doux et patient — même lorsqu'il veut vous montrer à quel point c'est agréable! Profitez du bain pour vérifier la propreté de ses oreilles et pour les nettoyer à l'aide d'un morceau de coton enroulé sur un bâtonnet. Surveillez bien vos gestes car les oreilles d'un chien sont très sensibles; il pourrait avoir des mouvements brusques en sentant un corps étranger dans son oreille.

Quand vous aurez terminé, sortez votre Beagle de la baignoire et éloignez-vous rapidement afin d'éviter de vous faire mouiller lorsqu'il se secouera. Frottez-le ensuite très fort avec des serviettes.

À l'approche l'hiver, et plus particulièrment pendant les périodes de grand froid, nous vous conseillons d'employer des shampooings secs: il vaut mieux ne pas mouiller votre chien. Ces shampooings secs font disparaître les parasites, assouplissent et font briller le pelage.

Si votre Beagle vous revient d'une «expédition» couvert de boue, vous avez le choix entre le frotter avec des linges humides et le sécher ou laisser sécher la boue et le brosser ensuite. Si son poil est taché de graisses, de peinture ou de goudron, frottez-le avec un chiffon imbibé d'essence, de térébenthine ou d'éther. Rincez bien soigneusement ensuite.

Les ongles

L'entretien des ongles de votre compagnon est très important. Le meilleur moyen d'empêcher qu'ils ne deviennent trop longs est encore de faire marcher votre chien: l'exercice les maintiendra à la bonne longueur. Mais si le chien sort peu, la pousse des griffes étant constante, elles le gêneront lors de ses déplacements.

Faites tremper ses griffes dans de l'eau tiède, jusqu'à ce qu'elles soient ramollies; coupez-les ensuite et veillez, en les regardant à contre-jour, à n'enlever que la partie morte; vous éviterez ainsi de blesser votre Beagle. Utilisez un instrument spécial (et non ceux réservés à l'usage humain). Vous pouvez également choisir de les lui limer, mais procédez alors avec beaucoup de douceur. Limitez-vous à lui couper les ongles toutes les deux semaines.

Les oreilles

Soignez tout particulièrement les oreilles de votre Beagle. Elles doivent toujours être d'une propreté exemplaire. Deux fois par mois, vous préparerez une solution composée de 50 p. 100 d'eau et de 50 p. 100 de peroxyde et vous lui masserez les oreilles avec cette solution. Vous sécherez ses oreilles avec des boules de coton.

Les dents

La meilleure façon de garder saines les dents de votre Beagle est encore de lui donner des os à ronger et de lui faire manger du pain bien sec et des biscuits très durs. Ne lui donnez pas la possibilité de croquer des morceaux de bois dur ou des pierres, il risquerait d'abîmer définitivement l'émail de ses dents. Si votre chien a une bonne nature, vous pouvez lui brosser les dents à l'aide d'un dentifrice pour chien. Vous pouvez aussi essayer de lui frotter les dents avec un chiffon humide trempé dans du bicarbonate de soude ou dans du jus de citron. Faites attention aux friandises trop sucrées: elles contribuent au développement des caries. Examinez régulièrement les dents de votre Beagle, il pourrait y avoir du tartre, ce dépôt calcaire qui recouvre progressivement les molaires et les canines, qui donne mauvaise haleine et favorise le déchaussement des dents et les infections des gencives. Quoi qu'il en soit, vous devriez consulter, au moins une fois l'an, votre vétérinaire qui saura vous conseiller judicieusement.

Les yeux

Il peut arriver que les yeux de votre Beagle soient rouges et larmoyants. Cela se produit lorsqu'il a séjourné plus ou moins longtemps en plein vent ou si un corps étranger s'est glissé sous ses paupières; à titre de prévention, ne laissez pas votre compagnon passer la tête par la fenêtre lorsque vous l'emmenez en voiture.

Lavez ses yeux avec une solution d'acide borique que vous pouvez trouver dans toutes les pharmacies. Imprégnez-en un tampon de coton hydrophile et passez-le-lui sur les yeux.

En cas de conjonctivite, adressez-vous à votre vétérinaire qui vous indiquera les remèdes à lui donner.

Les parasites

Bien que votre Beagle ne soit pas particulièrement sujet aux parasites, il vous faudra vérifier méticuleusement, lors de la séance de brossage, si votre animal n'en est pas infesté.

Les *puces* ne sont pas vraiment dangereuses et vous pouvez les éliminer à l'aide de poudres insecticides. Les puces canines n'aiment pas l'homme et ne quittent le poil d'un chien que pour celui d'un autre chien. Les *poux*, lorsqu'ils ont pris possession de votre Beagle, peuvent causer bien des tracas. Il est difficile de les éliminer complètement. Ils se reproduisent très rapidement et leur présence peut devenir dangereuse pour votre compagnon. Il y a de fortes chances pour que votre Beagle ait des poux s'il se gratte sans arrêt les oreilles. Donnez-lui des bains avec des produits insecticides; si vous n'arrivez pas à l'en débarrasser rapidement, consultez sans tarder votre vétérinaire. Votre Beagle pourrait être atteint d'anémie, ce qui l'affaiblirait considérablement.

Les *tiques* sont des parasites qui sévissent surtout pendant l'été dans nos régions. Ce sont les chiens vivant en contact avec des bestiaux qui en sont les plus menacés. Ces parasites peuvent provoquer des infections de la peau lorsqu'on essaie de les arracher sans prendre de précautions. La tête des tiques reste incrustée dans la peau quand on n'en arrache que le corps et provoque ainsi de l'infection. Il vaut donc mieux faire prendre à votre Beagle des bains avec des produits insecticides, de l'essence ou de l'alcool. Une fois que les tiques sont mortes, laissez-les tomber d'elles-mêmes sans essayer de les arracher.

On les retrouve à la base des oreilles, sur le cou, entre les doigts et sous les aisselles du chien. Si vous remarquez que votre Beagle en est infesté, occupez-vous-en au plus vite.

Il existe aujourd'hui toute une gamme de colliers anti-parasitaires qui assureront à votre chien une assez bonne protection. Il s'agit d'une façon efficace et discrète de le protéger d'une manière permanente. Mais à titre de prévention, il vaut toujours mieux ne pas laisser votre Beagle, que vous soignez avec tant d'attention, se mêler aux chiens errants de votre voisinage.

Le Beagle aura un seul maître qu'il suivra partout.

Sa santé

Si vous remarquez que votre Beagle est triste, qu'il ne répond pas à vos appels et reste dans son coin alors qu'il est habituellement gai, actif, vif et expressif, il y a tout lieu de penser qu'il est malade. Prenez sa température avec un thermomètre rectal: elle est normalement de 38,2 °C à 38,7 °C (100,7 °F à 101,6 °F) chez le Beagle adulte et d'environ 39 °C (102,2 °F) chez le chiot. Si elle dépasse largement 39 °C (102,2 °F) ou si elle est nettement en dessous de 38 °C (100,4 °F), vous devez être très vigilant. Si cette température anormale est accompagnée de vomissements ou de diarrhée, n'hésitez pas à consulter votre vétérinaire.

Vous devez également savoir que le pouls normal d'un jeune Beagle et de 110 à 120 pulsations par minute; celui d'un Beagle dans la force de l'âge, de 90 à 100 et celui d'un vieux chien, de 70 à 80.

Un jeune chien au repos a de 18 à 20 respirations par minute. Un Beagle adulte en a de 16 à 18 et un vieux Beagle, de 14 à 16.

D'autre part, votre Beagle n'est pas à l'abri des blessures, des fractures ou des brûlures. Il peut également être atteint de différentes maladies parasitaires dont nous parlerons plus loin.

Le Beagle est tout particulièrement prédisposé aux hernies discales et à l'hypothyroïdie. Vous devez en surveiller les moindres symptômes.

Vous devez savoir que les maladies évoluent à travers le temps. Il y a des maladies qui ont disparu mais rien ne nous dit qu'elles ne ressurgiront jamais. Il y en a d'autres qui peuvent porter un autre nom en d'autres lieux. Ne vous affolez pas; si vous avez le moindre doute lorsque vous constatez un symptôme, consultez votre vétérinaire qui a les moyens d'intervenir efficacement.

Les accidents

Les blessures

Il y a plusieurs types de blessures: les coupures, les contusions, les plaies superficielles ou profondes.

Bien que parfois compliquée d'une hémorragie, la *coupure* est une blessure habituellement simple. Vous devez d'abord stopper l'écoulement du sang en tamponnant la coupure à l'aide de compresses de gaze ou en garrottant le membre juste au-dessus de la blessure. Dans les cas graves, vous devrez ligaturer les vaisseaux. La désinfection et la propreté sont indispensables; avant même de vous occuper de la blessure, rasez les poils tout autour. Si la blessure est longue, vous devrez faire à l'animal quelques points de suture. En soulevant la peau du chien, vous y arriverez aisément. Si la blessure est superficielle, ne la recouvrez pas de pansements afin de permettre à votre Beagle de pouvoir la lécher: sa salive favorisera la guérison en évitant l'infection et accélérera la cicatrisation.

Bien que les blessures provoquées par une pointe ne soient pas longues, elles sont souvent très profondes et peuvent s'infecter: des germes peuvent s'introduire accidentellement sous la peau et résister à toute médication. Si ces cas d'infection sont rares, ils n'en sont pas moins très douloureux; vous devez désinfecter ces blessures en profondeur par irrigation.

La *contusion* est une lésion produite par un choc sans qu'il y ait déchirure de la peau du Beagle. Il est alors plus difficile de faire des points de suture, parce qu'il s'agit d'une blessure qui n'est pas aussi nette qu'une coupure. Commencez par désinfecter en lavant la plaie avec une solution antiseptique. Comme pour la coupure, rasez les poils autour de la plaie de votre Beagle. Bandez-le selon l'emplacement de la blessure, de façon à ne pas nuire à ses mouvements. Une contusion guérira plus lentement qu'une coupure.

Au cours d'une partie de chasse, votre Beagle qui vous accompagne peut aussi, malheureusement, être touché par une balle perdue ou être pris à un piège. Gardez la tête froide et óvaluez liès rapidement la situation. Si votre chien est blessé à la tête, à la poitrine ou au ventre, c'est-à-dire blessé gravement par une balle, et que vous êtes incapable de le transporter en moins d'une heure chez le vétérinaire le plus proche (ou même chez le pharmacien), vous devrez vous résoudre à ne pas le laisser souffrir inutilement. Si la blessure par balle est superficielle ou profonde, mais sans être dangereuse, munissez-vous d'un bâton pas trop long mais suffisamment solide et faites-le mordre par le chien. Enveloppez ensuite votre Beagle dans une couverture, un imperméable ou une bâche et amenez-le le plus vite possible chez un vétérinaire.

S'il est pris au piège, faites comme dans le cas d'une

blessure par balle, faites-lui mordre un bâton et faites le nécessaire pour empêcher votre compagnon de s'enfuir une fois que vous l'aurez libéré.

La bataille de chiens

Une bataille de chiens peut dégénérer très rapidement. Attrapez une laisse ou même, si vous n'en avez pas sous la main, prenez votre ceinture et tapez très fort dans le tas. Sachez qu'un bon coup de fouet les cinglera, mais que c'est bien moins grave qu'une vilaine morsure. N'hésitez pas, soyez énergique et agissez vite: tous les ordres et les cris ne servent absolument à rien dans un cas pareil.

L'insolation et le coup de chaleur

Les symptômes de l'insolation et du coup de chaleur sont les mêmes. Si votre Beagle court ou marche longtemps en plein soleil, l'été, il est possible qu'il souffre d'un coup de chaleur: son système nerveux central sera atteint. Ses poumons et son système cardio-vasculaire peuvent également être touchés. Les symptômes apparaissent subitement: le chien semble soudainement affaibli, sa démarche devient hésitante, il respire par saccades et tombe. N'attendez pas le vétérinaire pour donner les premiers soins: l'insolation peut être mortelle.

La première chose à faire est de porter votre Beagle à l'ombre, sous un arbre, par exemple; essayez de trouver un endroit ombragé et frais. Faites baisser sa température en appliquant des compresses d'eau très froide sur sa tête et sur le reste de son corps. Appelez ou faites appeler un vétérinaire; en attendant son arrivée, donnez à votre compagnon un peu de café pour lutter contre la dépression; vous l'aiderez ainsi à surmonter sa crise. Ne laissez jamais votre Beagle enfermé dans une automobile hermétiquement fermée et placée en plein soleil. N'oubliez pas que le Beagle, comme les autres chiens, ne supporte pas les trop fortes chaleurs.

L'aggravée

Il s'agit de l'inflammation des soles d'un Beagle qui a marché trop longtemps sur des terrains trop durs ou trop cailouteux. L'aggravée peut aussi toucher le chien qui a marché sur le chaume resté sur place après la moisson. Les soles de votre animal peuvent aussi s'enflammer s'il se promène longtemps, par temps chaud, sur des routes goudronnées. Il se formera, au niveau des coussinets plantaires et des espaces interdigitaux, des plaies très douloureuses qui rendront la marche difficile et pénible, sinon impossible.

Cette inflammation est, la plupart du temps, assez longue à guérir. Laissez votre chien au repos sur un terrain non sablonneux; óvitcz le gravier, le ciment et l'humidité. Des bains astringents à base d'alun le soulageront. Vous pouvez également pulvériser un liquide antiseptique, qui formera une pellicule isolante, sur les parties touchées par la maladie.

Les chiens perdus ou épuisés

Le fait de s'égarer et d'être épuisé est plus fréquent chez les tout jeunes Beagles, mais il se peut fort bien que cela arrive à un Beagle adulte.

Il arrive que l'on ne retrouve son chien qu'au bout de plusieurs jours de recherche. Le chien épuisé cherche à se désaltérer et se rapproche des habitations afin d'être nourri: il n'est pas capable de subvenir lui-même à ses besoins, puisqu'il a l'habitude d'être ponctuellement servi par son maître.

À partir du troisième jour de jeûne environ, un chien citadin peut devenir méchant. La soif et la faim peuvent le rendre fort dangereux et il faut éviter le contact entre votre Beagle et un chien dans cet état. Essayez d'enfermer ce chien perdu et donnez-lui à boire et à manger raisonnablement. Prévenez la police locale et regardez les petites annonces dans la presse afin de vérifier les avis de recherche.

Les fractures

Il y a quatre genres de fractures: fermées, ouvertes, comminutives et composées.

La *fracture fermée* est la plus fréquente: l'os se casse sans sortir du membre du chien. La réduction de la fracture fermée est la plus facile. Par contre, quand l'os sort du membre, il s'agit d'une *fracture ouverte*. L'os provoque des blessures externes qui entraînent certaines complications. Quand l'os se casse en plusieurs morceaux, il s'agit d'une *fracture comminutive*. Quand l'os provoque des déchirures externes, tout en se cassant en plusieurs morceaux, il s'agit d'une *fracture composée*.

Que devez-vous faire en cas de fracture? Nous vous conseillons, comme premiers soins, de désinfecter et de nettoyer les blessures faites par les fractures ouvertes. Enlevez les fragments osseux. Prenez une petite planche pour immobiliser le membre du chien et tenez-le jusqu'à ce que vous ayez réduit la fracture. Une des principales causes de fracture est l'accident de la route, la circulation augmentant sans cesse. Vous pourriez éviter, du moins partiellement, ces accidents en ne laissant pas

Beagle se promener seul, en faisant attention de ne pas l'appeler de façon inconsidérée en l'obligeant à traverser la rue pour venir vous rejoindre ou encore en le dressant de façon à limiter ce type d'accident.

Une des plus graves fractures causées par des collisions est celle de la colonne vertébrale: elle entraîne la paralysie du train postérieur au mieux, la mort au pire. Dans un cas pareil, il est préférable d'abréger les souffrances de votre compagnon.

Il en est de même si les fractures sont accompagnées de la rupture d'un organe interne: dans la plupart des cas, n'ayez pas trop d'espoir quant à la survie de votre chien.

Les piqûres d'insectes

Les piqûres d'insectes, comme celles des abeilles, des frelons et des quêpes, sont moins dangereuses qu'une morsure de vipère. Néanmoins, dans les cas sérieux, consultez votre vétérinaire. Dès que le chien a été piqué, tamponnez la région blessée avec du vinaigre ou du poireau frais. Certains chiens sont allergiques à ces piqûres, et leur vie peut être en danger. Si votre vétérinaire n'est pas à proximité, emmenez votre chien à la clinique la plus proche.

Les orties

Votre Beagle, en traversant des touffes d'orties, pourrait attraper une certaine forme d'urticaire. Très rapidement, il éprouvera une sensation de brûlure et un prurit violent, surtout sur les parties de son corps où la peau est très fine. Votre chien, par instinct, se léchera souvent et avec force. De cette façon, les poils atteints d'urticaire peuvent, malheureusement, pénétrer dans ses muqueuses respiratoires, provoquant à la limite l'asphyxie. Appliquez des pommades ou des lotion antiprurigineuses et calmantes sur les parties du corps atteintes d'urticaire. Vous pouvez également appliquer des lotions faites d'eau froide et de vinaigre.

L'électrocution

Si votre chien est bien portant et pas excessivement nerveux, les clôtures électriques ne sont pas vraiment dangereuses. Si par malheur, votre Beagle touche une installation électrique mal isolée ou mord un fil, il perdra connaissance. Pratiquez la respiration artificielle: couchez-le sur le côté, puis poussez sur les côtes toutes les deux secondes environ.

Les intoxications

Le Beagle peut être empoisonné par une main criminelle, mais il peut l'être également, accidentellement, en absorbant des produits toxiques répandus sur le sol pour dératiser ou pour détruire d'autres bêtes nuisibles. Les compositions chimiques de ces produits sont fort différentes les unes des autres; aussi leurs conséquences sur l'organisme sont-elles très variées. Consultez au plus vite votre vétérinaire. Malheureusement, certains produits toxiques, comme la strychnine et la noix vomique, ont un effet foudroyant et rien ne pourra sauver l'animal qui en a absorbé.

Les brûlures

Les brûlures sont moins rares qu'on ne le pense.

Faites particulièrement attention lors des pique-niques à la campagne. S'il se brûle, votre Beagle peut devenir fou furieux. À la suite d'un affaiblissement physiologique brusque (collapsus) qui succède à la destruction de l'épiderme, les brûlures sont dangereuses et fort douloureuses et peuvent même causer la mort de votre Beagle. Les brûlures se divisent en trois catégories selon leur gravité. Les brûlures du *premier degré* sont les plus légères: la peau rougit et la brûlure évolue vers une inflammation érythémateuse; votre chien éprouve des sensations de douleur. Les brûlures du *second degré* se caractérisent par la formation de petites ampoules qui, en se perçant, libèrent un liquide séreux et donnent naissance à de petites plaies qui guériront en cicatrisant. Les brûlures du *troisième degré* sont les plus graves. Il s'agit, dans ce cas, d'une carbonisation des tissus, suivie de la formation d'une croûte qui disparaîtra avec la cicatrisation.

Commencez par bloquer la mâchoire du Beagle avec un bâton. Les brûlures se soignent par des bains froids avec une solution boriquée à 3 p. 100 et par des applications de poudres absorbantes. Comme premiers soins, appliquez de l'huile d'olive, de la vaseline, de la pommade à la lanoline ou à l'ichtyol, du blanc d'oeuf battu, du beurre, de la margarine ou de la graisse animale. Percez les ampoules pour en faire sortir le liquide en appliquant sur la blessure une poudre à base d'antiseptique. N'oubliez jamais de commencer par désinfecter la plaie à l'aide de poudres absorbantes.

En cas de brûlures provoquées par une substance chimique, vous pouvez neutraliser l'action du produit en utilisant une substance alcaline, si la brûlure est causée par des acides; des préparations acides, si la brûlure est provoquée par des bases.

Les corps étrangers

Le Beagle, comme d'ailleurs n'importe quel autre chien, peut avaler divers corps étrangers. Ce sont les chiots qui doivent être les plus surveillés. La liste des objets dangereux est longue et il est impossible de tous les énumérer. Prenons quelques exemples: les aiguilles de couturière peuvent se planter dans la gorge ou dans la langue. Le chien hurlera et bavera; il ne pourra plus manger. Un chiot, ou même un chien adulte, peut avaler par inadvertance un morceau de jouet en caoutchouc, un noyau de pêche, un os de côtelette, un caillou ou un bouchon. N'essayez par d'intervenir vous-même, vous pourriez être mordu et faire plus de mal que de bien. Emmenez l'animal chez votre vétérinaire. Vous constaterez d'ailleurs la gravité de son état si vous le voyez vomir un liquide jaune et si son abdomen semble douloureux. Votre vétérinaire lui fera une palpation et une radiographie. Il fera son diagnostic selon les résultats: il devra peut-être procéder à l'ouverture de l'estomac ou des intestins. Ne laissez donc pas traîner des objets pouvant être avalés et apprenez à vos enfants à ne jouer qu'à des jeux inoffensifs afin d'éviter que votre chien ne se retrouve sur une table d'opération.

Les épillets

Les épillets, surnommés folles avoines, peuvent se planter entre les doigts, dans le nez et dans les oreilles et provoquer des abcès et des inflammations. L'oreille y est spécialement sensible puisque les petits épillets se glissent progressivement au fond du conduit auditif où ils demeurent coincés. Le Beagle penchera la tête sur le côté de l'oreille atteinte en la secouant assez violemment; il deviendra nerveux. Dès que vous remarquerez ces symptômes, soignez-le immédiatement en lui enlevant les épillets à l'aide d'une petite pince. Si dès les premiers symptômes, l'extraction est facile, vous aurez par contre des difficultés à repérer un épillet enfoncé trop loin. Consultez votre vétérinaire qui, grâce à l'otoscope, en viendra à bout.

Si vous ne vous en occupez pas, il y a de fortes chances pour qu'une otite inflammatoire et une suppuration s'installent et conduisent au catarrhe auriculaire chronique. Comme nous le faisions remarquer, les épillets se rencontrent fréquemment dans les espaces interdigitaux; ils peuvent provoquer un abcès qui devra être largement débridé et débarrassé du ou des corps étrangers. Si cela n'est pas fait, l'épillet continuera son chemin tout au long des gaines tendineuses ou musculaires et pourra provoquer, dans une région éloignée de son point de contact, des abcès successifs.

Les morsures de reptiles

Les lèvres, la truffe et l'extrémité des membres sont les endroits les plus exposés aux morsures de serpent. Votre Beagle se mettra habituellement à vomir et poussera des hurlements de douleur. Vous remarquerez, dans la région mordue, une plaie tuméfiée et violacée qui deviendra douloureuse, qui s'enflammera et prendra la forme d'une auréole. Cette morsure sera plus dangereuse si la vipère n'a pas mordu depuis sept jours; elle injectera alors au chien tout son venin. Plus l'animal est jeune, plus cette morsure risque d'être mortelle.

Il faudra intervenir très rapidement en faisant saigner abondamment en débridant la plaie au couteau, puis en la suçant et en recrachant le venin. Placez un garrot au-dessus de la plaie. Lavez avec de l'eau javellisée 4 à 5 c. à soupe (4 à 5 c. à table) par litre (1 pinte) d'eau) ou avec une solution de permanganate (un comprimé pur 250 ml (1 tasse) d'eau). Cela fait, injectez-lui un sérum antivenimeux qu'*il est indispensable d'avoir toujours dans ses bagages* quand vous sortez avec votre chien à l'extérieur de la ville.

La couleuvre mord parfois; mais bien que ce soit douloureux, sachez qu'il n'y a pas de danger pour votre compagnon.

Les élastiques

Ne placez jamais un élastique autour du museau ou de la patte de votre Beagle. Il pénétrerait rapidement dans la peau et provoquerait une inflammation marquée par les poils et l'exsudation. Il faudrait alors le faire exciser. Faites bien comprendre à votre entourage, et surtout aux enfants, qu'il s'agit là d'un jeu fort dangereux.

Les maladies

Les symptômes de maladie chez votre Beagle

Bien qu'il soit de constitution robuste, il est tout de même possible que votre Beagle tombe malade. Un chien, comme d'ailleurs tous les autres animaux, vous prévient par des signes très clairs qu'il est sur le point d'être malade. Il est évidemment plus facile d'y être attentif si l'animal vous appartient; à force de vivre avec lui, vous repérerez rapidement les signes avant-coureurs et vous pourrez alors lui prodiguer les soins nécessaires avant que la maladie qui couve ne devienne grave ou même chronique.

Si vous remarquez un changement dans ses habitudes quand il joue, s'il change d'humeur ou que son comportement lors des repas est différent, s'il se laisse traîner pendant la promenade ou s'il est tout simplement triste, faites-lui subir un examen complet: mieux vaut prévenir que guérir.

Votre chien ne peut pas parler, mais il remplacera la parole par des signes extérieurs. Il commencera par se désintéresser de sa nourriture et des jeux. Il ne cherchera plus la compagnie des autres et préférera rester seul; il refusera de faire sa promenade et aura l'air indifférent. Ne perdez pas votre calme lorsque vous remarquerez ces symptômes chez votre Beagle et n'essayez pas de le forcer à manger ou à vous obéir.

Lorsque la maladie se développe, vous remarquerez que sa truffe est plus chaude que d'habitude; elle deviendra également sèche et rêche. Prenez la température de votre chien à l'aide d'un thermomètre rectal. La température normale de votre compagnon, en bonne santé, ne devrait pas dépasser 39 °C (102,2 °F). Vérifiez également son pouls en appuyant votre doigt sur la veine qui se situe à l'intérieur de la cuisse; normalement il devrait avoir entre 70 et 120 pulsations par minute. Cette marge de 50 pulsations est due à la grande différence de pulsations entre les moments de repos et les moments de surexcitation ou d'activité.

Apprenez à diagnostiquer au plus vite les diverses maladies dont nous allons énumérer les symptômes plus loin, afin que votre Beagle reçoive les soins appropriés au plus tôt, pour enrayer l'évolution de la maladie. Par exemple, la rage se caractérise par certains symptômes: le chien a toujours la gueule ouverte, il n'aboie plus de la même façon et il a toujours envie de mordre. Par contre, la formation de petites pustules sur la peau du ventre, des crampes, de la diarrhée et la toux sont les principaux symptômes de la maladie de Carré.

En résumé, il faut toujours surveiller les changements de comportement de votre chien, son manque d'appétit et son besoin de solitude, car ce sont là les premiers symptômes de toute maladie.

Les causes de maladie chez votre Beagle

Vous n'avez pas à vous inquiéter beaucoup au sujet des maladies que votre Beagle pourrait contracter; comme nous vous l'avons dit, ce chien est particulièrement robuste et n'a donc pas, généralement, de graves problèmes de santé. Néanmoins, vous devez savoir que certains animaux sont prédestinés à la maladie et que, malgré les soins qui leur sont donnés, ils auront toujours des problèmes de santé.

Si vous gardez votre Beagle dans votre appartement, il pourrait être sujet à l'eczéma; luttez contre cette maladie en lui faisant faire beaucoup d'exercice à l'extérieur.

Bien que la plupart des Beagles soient des animaux sains, il arrive que certains croisements visant à améliorer les qualités de la race rendent certains d'entre eux plus sensibles aux maladies, et particulièrement à la maladie de Carré. À titre de prévention, évitez que les chiots soient exposés aux changements de température trop rapides et à l'humidité. Cette tendance ne doit pas vous inquiéter outre mesure; elle est contrôlable et peut être neutralisée en établissant des règles d'hygiène très strictes et en surveillant continuellement la condition physique de votre chien.

Les soins au Beagle

Le chien se soigne, habituellement, de la même manière que l'être humain. Il doit absorber des médicaments et recevoir des injections; tout comme l'homme, il doit parfois subir des interventions chirurgicales. Le grand problème, c'est qu'il ne parle pas... Il ne peut pas vous expliquer pourquoi il déteste certains médicaments alors qu'il en prendrait d'autres bien volontiers. Il existe une bonne méthode pour administrer à un chien un médicament qu'il n'aime pas: donnez-le-lui en l'introduisant sur le côté de la gueule. Calmez l'animal en lui parlant doucement, prenez dans votre main droite la cuillère qui contient le médicament, en soulevant avec la main gauche la lèvre du chien; vous allez découvrir une cavité près de l'angle de la mâchoire, et il vous sera facile d'y verser le contenu de la cuillère. Le Beagle avalera naturellement le médicament.

Si vous avez de longs soins à donner à votre chien, utilisez des «cuillères ouvertes» spécialement conçues pour favoriser l'introduction du médicament dans la cavité de la lèvre inférieure. Si vous devez faire absorber à votre chien un médicament en poudre ou en gouttes, mélangez-le avec de l'eau, de la viande hachée, du sucre, du lait, du pain ou tout autre ingrédient.

Vous n'aurez aucune difficulté à faire une injection à votre chien, sauf s'il s'agit d'une intraveineuse. N'oubliez jamais de stériliser convenablement la seringue et d'éliminer les bulles d'air qui se forment quand vous aspirez le liquide dans la seringue. Désinfectez toujours la partie du corps qui doit être piquée en la frottant avec de l'alcool. Lorsqu'une injection intraveineuse s'avère nécessaire, il vaut mieux s'adresser à un vétérinaire. Il fera l'injection dans la veine saphène qui se trouve sous le jarret.

Les lavages vaginaux, les clystères et les diverses applications externes ne devraient pas vous poser de problèmes particuliers. Liez bien les bandages car votre Beagle essaiera de les enlever. Soyez patient et compréhensif; soignez votre chien dans une atmosphère de calme. Vous verrez comme il est alors plus facile de le soigner et de le remettre vite sur patte.

Les parasites externes

Bien que, généralement, le Beagle ne soit pas infesté par les parasites, il est bon de connaître le moyen de s'en débarrasser. Il y a plusieurs types de parasites externes, mais les plus fréquents sont les poux, les tiques et les puces.

Les puces

La puce du chien (*pulex serraticeps*) n'est pas dangereuse pour l'homme. Vous pouvez protéger facilement votre chien grâce aux insecticides que l'on trouve sur le marché. Ceux qui sont faits à base de pyrèthre africain sont particulièrement recommandés. Il est difficile de débarrasser votre Beagle, de façon définitive, de ces parasites: il peut en attraper à longueur de journée s'il se trouve continuellement dehors ou au cours de ses promenades. N'utilisez pas de produits trop forts pour éliminer les puces de vos chiots: ils ont l'habitude de se lécher entre eux et peuvent donc s'intoxiquer mutuellement. Nettoyez bien la niche de temps à autre.

Les poux

Certains poux piquent la peau du chien et sucent son

sang; d'autres se nourrissent de fragments de peau et de poils. Les poux peuvent devenir dangereux et provoquer un amaigrissement et même de l'anémie s'ils sucent trop de sang. Vous trouverez dans les magasins spécialisés les produits nécessaires pour débarrasser votre chien de ces parasites. Vous pouvez aussi utiliser une solution de créoline à 4 p. 100 ou du pétrole. Faites attention de ne pas trop irriter la peau de votre compagnon, principalement aux endroits délicats et aux endroits où le poil est court. Les produits liquides détruisent en même temps les lentes. Trois bains échelonnés sur trois semaines devraient éliminer complètement ces parasites.

Les tiques

Les tiques sont de petites araignées qui se fixent sur la peau du chien et qui sucent son sang. Lorsqu'elles sont rassasiées, elles tombent et meurent, mais seulement après avoir pondu leurs oeufs. Si elles ne sont pas trop nombreuses, le chien n'en souffrira pas trop. Par contre, si elles sont en grand nombre, elles provoqueront un amaigrissement et de l'anémie. Elles peuvent également transmettre d'autres maladies, comme la piroplasmose. La meilleure façon de s'en débarrasser, sans provoquer de plaies, consiste à mettre une goutte de térébenthine, de pétrole ou d'alcool sur la tique. Attendez que les parasites se détachent d'eux-mêmes; vous risqueriez, en les arrachant, de provoquer une déchirure.

Les parasites internes

Étant donné que votre Beagle mange de la viande crue, des entrailles et d'autres aliments dans lesquels peuvent s'introduire des larves de parasites, il en sera souvent victime.

Ces vers dénommés «ténias» ne se transmettent pas d'un chien à l'autre; ils ont besoin d'un intermédiaire, comme la nourriture, pour atteindre l'animal.

La leptospirose

La leptospirose s'appelle également «maladie de Stuttgart», «typhus du chien» ou «gastro-entérite hémorragique». Cette maladie, provoquée par un microorganisme, se caractérise par son incubation fort discrète, sa soudaineté et surtout par sa violence.

L'agent vecteur est transmis par le rat, qui élimine le microbe dans ses urines et qui peut souiller les aliments et l'eau du chien. Cette maladie est contagieuse et peut entraîner la mort. On peut observer des formes brutales accompagnées de prostatite, d'anurie et d'hypothermie. Il existe également des formes plus lentes qui provoquent des hépatites et des néphrites. Le diagnostic est délicat. Agissez avant même d'être sûr. Administrez à votre chien des antibiotiques à fortes doses. Les meilleurs soins préventifs demeurent les vaccins de Carré et de Rubarth: ils donnent d'excellents résultats.

Les ascaris

Comme les oxyures, les ascaris appartiennent à la famille des vers ronds. L'ascaris du chien (*ascaris marginata*) ne doit pas être confondu avec l'*ascaris lombricoïde* de l'être humain auquel il ressemble beaucoup. L'ascaris du chien est de forme cylindrique et il est lisse. Il mesure environ 6 à 12 cm (2 à 4 po) de long. L'*ascaris limbata* est du même type, mais il est plus dangereux. L'ascaris, qui a la forme d'un ver de terre, n'a pas besoin d'intermédiaire, contrairement au ténia, pour infester le chien; il passe directement de l'oeuf au ver.

Les chiots sont les plus touchés par ce parasite dont la transmission se fait de la mère aux petits pendant leur vie utérine. Ce qui ne veut pas dire que les chiens adultes ne peuvent pas être contaminés. Les oeufs des ascaris peuvent se trouver dans l'eau polluée ou à d'autres endroits où ils auront été déposés et que le chien léchera. Les symptômes de la présence de ces vers sont les mêmes que ceux du ténia. Le diagnostic est facilité par leur présence dans les selles du chien. On peut en trouver des quantités considérables dans son intestin et ils peuvent entraîner, dans certains cas, la mort. Lorsqu'ils passent de l'intestin à l'estomac, ils peuvent provoquer des vomissements.

Surveillez l'état de la mère pendant l'allaitement et, nous ne vous le répéterons jamais assez, observez une hygiène très stricte. Quand les vers prolifèrent, ils causent des anémies nerveuses, des démangeaisons anales et un certain amaigrissement. Votre chien sera également sujet à des convulsions et à des troubles gastro-intestinaux.

L'ascaridiose, la maladie provoquée par les ascaris, se soigne avec de la santonine. Vous devez mélanger de 9 à 10 cg de santonine à du sucre et à du calomel. Après avoir soigné le chien de cette façon pendant deux ou trois jours, administrez-lui une purge huileuse pour le faire évacuer. D'autres médicaments pourront tout aussi bien faire l'affaire; adressez-vous à votre vétérinaire qui saura vous conseiller.

La piroplasmose

Le *piroplasma cani* est le parasite responsable de la piroplasmose. Il s'agit d'une maladie du sang qui est contagieuse. Si vous vous y prenez suffisamment tôt, vous en viendrez facilement à bout. Mais si elle n'est pas rapidement soignée, votre Beagle peut en mourir.

La tristesse et la fatigue sont les premiers symptômes de la piroplasmose. Votre chien perdra ensuite l'appétit, et sa température montera à 40-41 °C (104-105,8 °F). Ses urines fonceront d'heure en heure et prendront la couleur du marc de café ou du malaga.

Cette infection est provoquée par les morsures de tiques. Il vous sera facile de retrouver sur le corps de votre chien malade des tiques vivantes et remplies du sang de leur victime.

Il existe de très bons médicaments sur le marché, mais la guérison dépendra de la rapidité de votre intervention à partir du moment où vous aurez décelé les premiers symptômes de la maladie.

La convalescence sera longue et, durant cette période, votre chien pourra avoir des troubles néphrétiques ou hépatiques. Laissez votre chien se reposer pendant deux ou trois semaines: pendant la maladie, la rate s'hypertrophie et il y a des dangers d'éclatement si votre Beagle s'agite trop ou fait des exercices trop violents.

Il n'existait pas, jusqu'à ces derniers temps, de vaccination préventive. Une firme pharmaceutique française (l'Institut Mérieux) vient de mettre au point le premier vaccin contre cette maladie. Ce vaccin est déjà commercialisé en France. Il devra permettre, dans un premier temps, de protéger les 300 000 à 400 000 chiens qui, chaque année, en France, souffrent de cette maladie, mortelle dans 1 cas sur 20.

Il faut espérer que ce vaccin sera bientôt en vente sur le continent nord-américain afin d'éliminer définitivement cette dangereuse maladie.

En France, ce vaccin est connu sous le nom de Pirodog.

La toxoplasmose

Cette maladie peut facilement être confondue avec les troubles dus au virus de Carré. Les symptômes dépendent de la localisation et de l'évolution de la maladie.

Toutes les fonctions vitales peuvent être touchées. Votre chien deviendra agressif et nerveux; il fera peut-être même des tentatives de fugue. Il pourra également être frappé de paralysie partielle ou généralisée.

La maladie peut toucher les viscères et provoquer alors un amaigrissement progressif, des troubles cardio-vasculaires, pulmonaires et gastro-intestinaux ainsi que des avortements. Il n'existe pas de traitement spécifique, et les chiots touchés par cette maladie sont particulièrement en danger; elle cause souvent leur mort.

Le coryza parasitaire

Le coryza parasitaire est une maladie provoquée par des parasites ressemblant à des vers. Le parasite femelle peut atteindre environ 10 cm (4 po) de longueur. À l'état de larve, il se retrouve dans les entrailles des moutons, des lièvres et autres herbivores.

Si le chien mange des entrailles crues infestées, les larves trouveront leur chemin de l'estomac aux cavités nasales et provoqueront le coryza parasitaire. Cette maladie est dangereuse et peut provoquer la mort du chien à la suite de problèmes cérébraux.

La seule prévention est de faire cuire les entrailles. Dans le cas d'une affection mineure, le chien guérira de lui-même; les vers morts seront expulsés par ses narines lorsqu'il éternuera.

Le ténia échinocoque

Le ténia échinocoque est le parasite le plus dangereux pour l'homme. Il est petit — il ne mesure qu'environ 5 mm. Il vit dans les viscères des porcs et des bovins. Il est composé de trois ou quatre anneaux. Afin de ne pas être contaminé, vous devrez prendre diverses précautions: ne laissez pas votre chien, même par jeu, manger dans votre assiette, ne buvez pas de l'eau qu'il a touchée; ne le laissez pas lécher votre visage et vos mains.

Les légumes doivent être minutieusement lavés; lorsqu'ils sont sales, ils peuvent porter des oeufs qui seront expulsés avec les selles du chien. Si le chien absorbe ces oeufs, ils s'ouvriront dans son estomac, et les larves atteindront des parties vitales de son corps et formeront des kystes hydatiques, responsables d'une maladie dénommée échinocose.

Heureusement, grâce aux contrôles sérieux qui se font à présent dans les abattoirs et qui prévoient la destruction des viscères des bêtes porteuses de ténias, la propagation a été fortement réduite. Par conséquent, il y a de moins en moins de chiens qui sont victimes de ténias. Ce qui ne doit pas vous empêcher de prendre toutes les mesures d'hygiène nécessaires, car cette maladie entraîne plusieurs complications et est difficilement guérissable. N'achetez pas de viande dont vous ignorez l'origine. Il est préférable de ne s'approvisionner que de viandes contrôlées par des institutions sanitaires.

Le ténia margine

Le ténia margine passe de l'état d'oeuf à celui de larve dans l'estomac des porcs et des moutons. Il s'agit du plus gros ténia qui puisse contaminer votre chien; il peut atteindre 2 m (6 1/2 pi).

Le ténia cénure

La larve du ténia cénure se développe dans le cerveau des boeufs et des moutons. Ce qui a été dit pour les autres variétés de ténias est aussi valable pour celui-ci.

Le ténia serré

On trouve les larves de ce ver dans les viscères des lapins et des lièvres. Il peut atteindre une longueur d'environ 1 m (3 pi). N'offrez pas à votre chien, lors d'une partie de chasse par exemple, les entrailles des lièvres tués. Vous ne feriez qu'accroître la propagation de ce genre de ténia.

Le ténia cucurbitin

Le ténia cucurbitin (*dipylidium caninum*) a la particularité de se transmettre par les puces du chien et parfois même par les poux. La contagion est facile parce que les puces sont difficiles à éliminer complètement. Les animaux se les transmettent lors de leurs contacts journaliers, de leurs promenades, de leurs courses, etc. Les puces de votre chien peuvent manger les oeufs du ténia qui ont été expulsés de l'intestin d'un animal atteint et qui sont restés accrochés au poil autour ou en dessous de sa queue. Votre Beagle, en mordant une puce, en l'écrasant ou en la mangeant peut être, lui aussi, contaminé, puis contaminer un autre chien et ainsi de suite. Une seule puce peut abriter jusqu'à 50 et même 60 larves de ténia cucurbitin. Ce parasite pourra se reproduire, chez votre Beagle, jusqu'à 1 000 exemplaires et plus.

Bien que les cas répertoriés soient plutôt rares, vous devez savoir qu'il est possible que des enfants soient victimes du ténia cucurbitin. En jouant avec le chien, ils peuvent avaler une puce et, si elle est porteuse de germes, être atteints. La meilleure prévention demeure la propreté; l'utilisation de poudres insectidices est conseillée. Consultez votre vétérinaire sans tarder, si vous voyez que vous n'obtenez aucun résultat positif.

Un chien infesté par ce ver passera de la constipation à la diarrhée; il aura de fréquents vomissements; il sera triste et aura un regard trouble; son pelage deviendra terne; il aura toujours soif, maigrira et aura des attaques semblables à des crises d'épilepsie.

La preuve définitive sera la présence de proglottis (anneaux du ver) dans les selles du chien. Administrez un purgatif à votre compagnon et vous les verrez facilement à l'oeil nu; vous remarquerez leur forme et leur couleur qui sont caractéristiques.

Pour débarrasser définitivement votre chien des ténias, il vous faudra agir radicalement. La guérison exige l'élimination totale des parasites. Sachez qu'il suffit d'une seule tête pour donner naissance à une autre série de segments, et tous vos efforts auront alors été inutiles. Vous ne pourrez pas l'en débarrasser à l'aide d'un poison; il ne les tuerait pas mais les endormirait seulement, car ils sont très résistants. Demandez conseil à votre vétérinaire afin qu'il vous indique quelle purge lui donner, des ténifuges ou des anthelminthiques.

Pour soigner votre compagnon, donnez-lui un laxatif pour libérer son intestin ou faites-lui suivre une diète liquide. Le lendemain matin, commencez le traitement en lui faisant avaler une dose de vermifuge. Il est recommandé, en général, de lui donner de l'extrait éthéré de fougère mâle, présenté en capsules gélatineuses ou prêt à être dilué dans une infusion de camomille. Pour le Beagle, une dose de 5 g est prescrite, en fonction de la taille du chien. Votre vétérinaire vous indiquera avec précision le remède le plus efficace et le mieux toléré par votre Beagle.

Les affections des yeux

Il est bon de rappeler quelles sont les parties externes de l'oeil. La cornée est l'enveloppe transparente centrale qui recouvre la pupille et l'iris; la sclérotique est la partie blanche de l'oeil et la conjonctive est la membrane transparente qui recouvre la sclérotique et tapisse les paupières.

La conjonctivite

Il s'agit de l'inflammation de la conjonctive qui devient rouge et gonflée. L'inflammation pourra être aiguë, chronique, catarrhale ou purulente. Pour traiter la conjonctivite, lavez l'oeil atteint avec une solution boriquée en enlevant, si nécessaire, le pus à l'aide d'un tampon de gaze trempé dans de l'eau bouillie et tiède. Enlevez éventuellement, avec une pincette, les cils qui auraient pu pénétrer dans l'oeil. Si des poils gênent, coupez-les avec des ciseaux. Appliquez du collyre antibiotique toutes les deux heures et une pommade à base de sulfamides et d'antibiotiques pendant deux à trois nuits consécutives. Espacez la médication au fur et à mesure que le Beagle guérit. Gardez l'animal à l'abri de la lumière, au repos et dans un endroit où il ne sera pas dérangé. En l'éloignant des sources de lumière, vous éviterez une récidive de l'inflammation.

L'entropion

Cette maladie se caractérise par le renversement des paupières en dedans, contre la conjonctive. Les cils irriteront la conjonctive et provoqueront l'apparition d'une conjonctivite ou d'une kératite. La cornée sera ulcérée. Dans la plupart des cas, l'entropion est congénital. Consultez votre vétérinaire; il soignera votre compagnon en pratiquant une intervention chirurgicale.

La kératite

Il s'agit de l'inflammation de la cornée. Elle se traduit par une opacité partielle ou totale de la cornée. Lavez très soigneusement l'oeil avec une solution boriquée. Puis appliquez localement une pommade ophtalmique à l'oxyde jaune de mercure ainsi qu'une pommade antibiotique.

La blépharite

Il s'agit de l'inflammation des paupières provoquée le plus souvent par un facteur externe et traumatisant comme, par exemple, une piqûre d'épine, d'insecte ou une blessure. Nettoyez bien l'oeil avec une solution boriquée à 3 p. 100. Appliquez ensuite des compresses de camomille, ni trop chaudes ni trop froides, pendant environ un quart d'heure. Pour terminer, appliquez une pommade antiseptique sédative, à usage ophtalmique.

Le glaucome

Cette maladie se caractérise par la dilatation de la

78

pupille, l'opacité de la cornée et le durcissement du globe. Pour guérir votre Beagle, vous devrez le faire hospitaliser. La guérison est, avouons-le, fort aléatoire.

La dégénérescence du pigment de la cornée

Il n'y a aucun traitement pour cette maladie. Il s'agit de l'infiltration d'un pigment brun et noir qui peut recouvrir une partie ou toute la surface de la cornée, comme s'il y avait une membrane qui faisait le tour du globe oculaire.

L'ulcère chronique

L'ulcère chronique se manifeste sans infection ni suppuration interne. Soignez le chien avec des gouttes et une pommade à base d'antibiotiques et de cortisone. Mettez les gouttes le matin et la pommade le soir.

Il est très important de ne pas employer les gouttes et la pommade à base d'antibiotiques si l'ulcère est infecté. Vous ne feriez qu'aggraver l'infection en empêchant les mécanismes naturels de défense du chien d'agir.

L'ulcère de la cornée

L'ulcère de la cornée est la maladie de l'oeil la plus grave. Elle se caractérise par l'opacité de la cornée et la rugosité de sa surface. Vous décèlerez ces symptômes en regardant l'oeil obliquement sous une lumière assez forte. Vous verrez une auréole grise autour de l'ulcère. Cette auréole peut s'étendre à toute la cornée et à l'iris de l'oeil.

Pour les *petits ulcères* d'environ 1 mm de long, administrez à votre chien des gouttes antibiotiques toutes les trois heures et frottez l'ulcère avec une pommade à base d'antibiotiques trois fois par jour.

Les *grands ulcères* sont accompagnés d'un rétrécissement de la pupille. Administrez à votre chien quelques gouttes d'atropine une fois par jour, mais seulement après que votre vétérinaire vous en aura prescrit la dose exacte. Ce médicament devra être employé avec prudence afin que votre Beagle n'en avale pas; ces gouttes sont très toxiques. Administrez-lui également des gouttes antibiotiques toutes les deux heures et appliquez sur l'ulcère une pommade antibiotique, le soir, avant que votre chien n'aille dormir.

Les ulcères très graves peuvent couvrir un tiers, et même plus, de la cornée et provoquer un rétrécissement de la pupille et une suppuration. Vous devrez appliquer des gouttes d'atropine trois fois par jour et des compresses d'eau froide distillée mélangée à quelques gouttes antibiotiques, pendant environ 15 minutes toutes les deux heures et demie. Vous administrerez, en même temps, des gouttes antibiotiques toutes les heures et demie. S'il n'y a pas d'amélioration, adressez-vous à votre vétérinaire qui prendra votre chien en charge et agira au mieux pour le remettre vite sur patte, à votre grande joie.

La cataracte

Cette maladie touche principalement les chiens âgés. Elle peut également se manifester à la suite d'un traumatisme violent suite à une intoxication ou à d'autres maladies, comme le diabète par exemple. Les symptômes de la cataracte sont facilement repérables: la pupille, qui est normalement noire, devient blanche ou grise. Le traitement ne permettra pas, en général, de guérir votre Beagle; il ne pourra qu'arrêter l'évolution de la lésion. On fait actuellement des essais pour adapter aux chiens les techniques employées pour les humains: même si l'opération réussit, on peut se heurter à des problèmes postopératoires et à l'impossibilité de remédier à l'absence de cristallin par des lentilles.

Les maladies de l'oreille

Il est conseillé de peigner soigneusement les oreilles du chien, car elles peuvent retenir toute sortes de parasites. Prenez également le temps de vous occuper du pavillon et du conduit auditif. Servez-vous de cure-oreilles et d'un produit antiparasitaire, anti-inflammatoire et antibiotique vendu sur le marché.

L'otite externe

Il s'agit de l'inflammation du conduit auditif causée par le cérumen, la saleté ou l'introduction d'un corps étranger.

L'otite interne

L'otite interne est plutôt rare et il vous sera difficile de la distinguer de l'otite moyenne. Les principaux symptômes sont la fièvre, des troubles d'équilibre, une certaine surdité, une grande nervosité et des vertiges.

L'otite moyenne

L'otite moyenne est l'inflammation de la caisse du tympan provoquée par la présence d'un corps étanger ou par des lésions traumatiques. L'otite moyenne apparaît souvent à la suite des complications d'une otite externe.

L'otite parasitaire

Comme pour la gale, cette maladie est provoquée par la présence d'un parasite du même genre que l'acarien. Ce parasite, le *symbiotes auriculare*, se fige dans le conduit auditif. Il sera nécessaire de faire un examen microscopique pour être certain du diagnostic. Un Beagle atteint d'une otite parasitaire se gratte énergiquement, secoue la tête et est parfois sujet à de véritables crises nerveuses.

Traitement général des différentes otites

Assurez-vous de manière préventive de la propreté du conduit auditif. Quand une otite moyenne se déclare et qu'elle est purulente, faites des instillations (goutte à goutte) d'antibiotiques et de sédatifs. Quand il s'agit d'une otite parasitaire, nettoyez d'abord l'oreille, puis soignez-la avec des médicaments prescrits pour la gale. Il n'est pas inutile d'ajouter au traitement local un traitement général à base de sulfamides.

L'ulcère du pavillon

L'ulcère du pavillon se manifste par de petites plaies sur le bord extérieur de l'oreille. Soignez votre chien avec des poudres cicatrisantes et avec des solutions désinfectantes. Bandez-lui l'oreille afin qu'il ne fasse pas d'hémorragie.

Les affections de la peau

Les affections de la peau ne sont pas toujours très belles à voir. La santé de votre Beagle vous étant précieuse, vous aurez à coeur de soigner ces maladies avec courage.

La gale sarcoptique

Les démangeaisons sont les premiers symptômes de la gale sarcoptique. Le Beagle se grattera très fort, ce qui causera des lésions de la peau. Le ver de cette maladie ressemble fort à celui qui provoque la gale chez l'homme. De fait, le chien peut transmettre sa maladie à l'homme, ce qui est néanmoins très rare; si cela devait arriver, ne vous effrayez pas, elle se guérit rapidement et facilement. Comme pour toutes les autres maladies, observez attentivement les règles d'hygiène et de désinfection quand vous soignerez votre chien pour la gale sarcoptique, car il y a toujours un risque de contamination.

Comme dans un cas de gale rouge, vous remarquerez de petites taches rouges qui s'étendront, en commençant par la tête, aux autres parties du corps du chien. Le poil tombera et les ampoules qui se formeront deviendront des croûtes après leur éclatement. Une odeur fort désagréable, due à l'aggravation de la maladie, enveloppera le malade; cette odeur provient du sérum qui se libère des petites plaies. La gale sarcoptique peut être fatale si le corps du chien se couvre de lésions. N'attendez pas ce moment et consultez votre vétérinaire afin qu'il fasse un examen microscopique pour savoir si le parasite de la gale dénommé *sarcoptes scabiei* est bien celui qu'il faut combattre.

Le parasite vit dans la peau du chien et se multiplie très rapidement. En ce qui concerne les soins à donner, vous devez vous adresser à votre vétérinaire afin qu'il prescrive un remède antipsorique. Ce médicament est efficace lorsqu'il n'y a pas de problèmes particuliers qui surviennent. Pour appliquer la pommade, rasez les poils autour des lésions; vous augmenterez ainsi l'efficacité des bains. Votre Beagle pourrait être tenté de lécher la médication; aussi il serait bon de le museler pour l'en empêcher. Il est inutile de placer l'animal dans un environnement chaud. Les parasites de cette maladie sont naturellement attirés vers la surface de la peau.

La gale rouge (démodécie)

La gale rouge est causée par une mite microscopique dénommée *demodex folliculorum*. Cette mite a la forme d'une chenille. Elle vit dans le système pileux. On la retrouve dans les follicules du chien en bonne santé mais elle n'est pas dangereuse tant que les conditions nécessaires à sa prolifération ne sont pas réunies et elle ne se transmet ni à l'homme, ni au chien.

Le nombre accru de ces mites dans les follicules est probablement dû à une prédisposition héréditaire de l'animal, ainsi qu'à une déficience temporaire et réversible de son système immunitaire.

Cette mite existe normalement chez tous les chiens, mais un chien malade est celui chez qui elle a proliféré anormalement. Elle peut infester les jeunes chiens âgés de deux à trois jours, mais il semble qu'elle ait une préférence pour les chiots âgés de 3 à 12 mois. Cependant les chiens adultes (1 à 15 ans) peuvent aussi être atteints. De plus, les chiens à poil court sont plus fréquemment affectés, en particulier le Beagle.

L'apparition de petites plaques dues à la chute des poils est le premier symptôme de la gale rouge. Si la maladie s'aggrave, la chute des poils s'étendra aux autres parties du corps. Vous reconnaîtrez aisément la maladie en observant la couleur rougeâtre de la peau. Au fur et à mesure du développement de la maladie, vous remarquerez que la peau deviendra sèche et calleuse. N'attendez pas que votre Beagle soit recouvert de pustules dues à la formation d'abcès dans les follicules du poil: arrivée à ce stade final, la maladie ne pourrait avoir qu'une issue fatale.

La guérison demeure possible; si votre chien est résistant, il vaincra la maladie. Il pourra être sauvé si vous lui prodiguez les soins nécessaires rapidement, dès le début de la maladie. Si la gale rouge se répand, les complications s'accumuleront et il sera alors plus difficile et plus long de guérir votre chien. Adressez-vous à votre vétérinaire, qui vous indiquera ce que vous devez faire. Il existe plusieurs traitements, et les dernières découvertes pharmaceutiques permettent des soins de plus en plus appropriés à cette maladie.

L'eczéma

Il ne faut pas confondre eczéma et gale sarcoptique. Un examen microscopique des croûtes cutanées permet de les distinguer. Le *sarcoptes scabiei* est facilement identifiable s'il s'agit d'un cas de gale. L'eczéma se déclare souvent à la suite d'une intoxication gastro-intestinale. L'inflammation de la peau entraîne de fortes démangeaisons. Le Beagle se grattera jusqu'à ce que cela provoque des lésions.

Un mauvais fonctionnement de l'intestin (la constipation par exemple) ou des reins peut aussi provoquer de l'eczéma chez les chiens âgés. Parmi les nombreuses causes de cette maladie, rappelons aussi l'usage prolongé de bromure ou d'iodure, les piqûres d'insectes et le manque de propreté.

On distingue deux formes d'eczéma: aiguë et chronique.

La *forme aiguë* se distingue par de petites taches rouges et des papules remplies d'un liquide séreux qui dégage une mauvaise odeur lorsqu'il coule. Cette forme d'eczéma provoque des démangeaisons, et l'animal se gratte avec ses pattes ou contre tout ce qui se trouve sur son passage. Ces grattements contribuent évidemment à former des lésions de la peau et même des plaies purulentes. Le chien peut avoir de l'eczéma entre les doigts de pieds, il s'agit d'*intertrigo*. Votre chien boitera et vous observerez la formation de pustules comme dans la forme humide.

La forme aiguë est suivie de la *forme chronique* qui touche, surtout chez les chiens âgés, les oreilles, les quatre membres et la peau autour des yeux. Le Beagle perdra ses poils, sa peau deviendra sèche et il éprouvera de vives démangeaisons.

Rappelons que le Beagle qui habite dans un appartement est davantage sujet à l'eczéma que celui qui vit à l'extérieur.

Consultez votre vétérinaire pour avoir un diagnostic plus sûr, basé sur un examen au microscope.

La guérison se fera par un traitement facile, mais il y aura toujours la possibilité que votre chien attrape à nouveau cette maladie. Pour traiter l'eczéma humide, vous devrez vous servir de poudre. Les pommades à base d'ichtyol et d'acide salicylique sont prescrites pour la forme chronique.

Diverses maladies

La maladie de Carré (*distemper*)

Il s'agit d'une maladie très grave. Les difficultés du traitement ainsi que la fréquence des apparitions de cette maladie, qui se transforme généralement en épidémie, devront vous mettre en garde quand vous en observerez les symptômes.

C'est entre l'âge de six mois et d'un an que les chiens sont les plus sujets à la maladie de Carré. Elle n'épargne néanmoins pas les chiens adultes; même les chats peuvent être contaminés.

Il semblerait que cette maladie se transmette par l'urine des chiens déjà atteints: nous ne vous apprendrons rien en vous rappelant qu'il n'existe pas de chiens qui puissent s'empêcher de renifler l'urine de leurs congénères. Si votre chien prend son repas avec un chien déjà atteint par la maladie ou s'il touche à des objets contaminés, il peut alors être contaminé à son tour. Une épidémie de la maladie de Carré est très difficile à enrayer car les germes résistent aux antiseptiques.

À titre de prévention, en élevant votre chiot, évitez de l'exposer à l'humidité et aux changements brusques de température, principalement du chaud au froid. Veillez à la propreté de son «coin» et à son alimentation.

Vous remarquerez aisément les symptômes avant-coureurs de la maladie: une certaine fatigue, un manque d'appétit prononcé, un amaigrissement, des éternuements, des yeux chassieux et des attaques convulsives. Ne lui administrez pas n'importe quel remède: consultez votre vétérinaire afin qu'il fasse un diagnostic sérieux qui sauvera votre chien.

Vous remarquerez, chez le chien atteint, la formation de petites pustules sur la peau de son ventre et à l'intérieur de ses cuisses, après l'apparition de petites taches rouges. Les pustules éclateront quand le chien se grattera, et des croûtes, semblables à celles de l'eczéma, se formeront. Ces croûtes disparaîtront assez rapidement.

Isolez immédiatement le chien qui a cette maladie dans un endroit peu éclairé. Surveillez son alimentation. Donnez-lui des oeufs, du lait, du sucre et d'autres aliments consistants. Lavez-lui les yeux et le nez aussi souvent que nécessaire; restez près de lui et assistez-le moralement, il en a besoin.

Il existe plusieurs formes de maladie de Carré. S'il s'agit d'une forme bénigne, votre vétérinaire réussira certainement à la guérir, mais l'animal devra être surveillé attentivement tout au long de sa convalescence, afin qu'il ne fasse pas de rechute. La forme nerveuse est plus dangereuse: le chien aura des crampes, des spasmes et sera atteint de paralysie qui aura une issue fatale. Dans un cas pareil, demandez conseil à votre vétérinaire: en effet, si votre compagnon souffre atrocement, il vous suggérera peut-être de mettre fin à ses jours; vous lui éviterez des souffrances inutiles.

Si les parasites qui se trouvent dans l'intestin du chien affaiblissent son organisme, il n'est pas prouvé qu'il existe une relation entre la présence de ces vers et l'apparition de la maladie. Encore une fois, ne choisissez pas vous-même la médication: consultez votre vétérinaire.

Voici une liste des différentes formes de la maladie de Carré et de leurs symptômes; elle vous permettra de faire un rapport aussi exact que possible à votre vétérinaire.

La *forme commune* a une période d'incubation pendant laquelle le germe se développe et intoxique l'organisme. La température montera à 40 °C (104 °F) et sera accompagnée des symptômes habituels de cette maladie.

La *forme cutanée* n'est pas grave. Elle reste bénigne dans son évolution et quand les petites pustules guérissent (spontanément), elles se cicatrisent sans problème.

La forme la plus rare a pour nom *maladie de Stuttgart*. Le chien aura des vomissements, des déjections avec du sang, une température élevée et il ressentira une faiblesse générale. La dernière phase de la maladie de Stuttgart est l'inflammation de l'intérieur de la gueule. Le Beagle n'y survivra que 48 heures environ. La *forme oculaire* se manifeste par l'inflammation des yeux, suivie rapidement de la formation de croûtes qui empêchent les cils de se détacher. La cornée s'enflamme et se voile. Votre chien court le danger, à ce moment-là, de devenir aveugle. L'inflammation se développe et touche la peau qui entoure l'oeil: on peut alors remarquer une espèce de dépilation qui donne à votre chien une expression inhabituelle, comme s'il portait des lunettes. On peut, dans cette phase, lui laver les yeux avec une solution d'acide borique.

La *forme respiratoire* est assez fréquente. Votre chien éternuera, toussera; sa respiration deviendra difficile du fait que les orifices de ses narines seront bouchés par un liquide. Cette sécrétion provoquera une inflammation de la muqueuse nasale qui s'ulcérera. On remarquera des traces de sang dans l'écoulement nasal, qui deviendra ensuite purulent. La température montera jusqu'à 41 °C (105,8 °F), et une bronchite se déclarera. Le stade final sera une broncho-pneumonie, une pleuro-pneumonie ou une pleurésie.

La *forme intestinale* se remarque lorsque votre chien a plus soif que d'habitude tout en manifestant un manque d'appétit. Il vomira de plus en plus de liquides qui deviendront rapidement malodorants; il sera nerveux. Dès que vous remarquerez ces symptômes, consultez immédiatement le vétérinaire. Ce n'est que si vous agissez rapidement que votre Beagle pourra être soigné et sauvé.

Comme vous pouvez le remarquer, toutes les formes de la maladie de Carré peuvent être contrôlées lorsqu'elles sont traitées à temps. Mais si vous vous y prenez trop tard, les centres nerveux pourront déjà avoir été atteints: votre chien fera alors des crises d'épilepsie, sera atteint de paralysie et d'autres symptômes qui le condamneront.

Vous devrez surveiller attentivement tous les stades de sa guérison parce qu'il arrive souvent que, suite à cette maladie, votre chien souffre de complications pulmonaires, en attrapant une pleurésie ou une pneumonie, ou les deux à la fois.

En résumé, la maladie de Carré est difficile à détecter et les rechutes sont toujours possibles. Maintenez rigoureusement propre l'environnement du chien, isolez-le et alimentez-le convenablement. Ce sont là les meilleures règles à suivre dans le cas de la maladie de Carré. Et encore: n'agissez pas sans les conseils et la surveillance de votre vétérinaire.

La gastro-entérite

La gastro-entérite est liée à une mauvaise alimentation, à un manque de propreté ou à l'ingestion d'aliments avariés. Si l'estomac est atteint, le chien aura mauvaise haleine, un manque d'appétit aggravé par des vomissements incessants; il rejettera même l'eau nécessaire pour étancher sa soif et il sera très déprimé. Quand il s'agit de l'intestin, le chien aura de fortes diarrhées et une fièvre pouvant atteindre 41 °C (105,8 °F), ce qui provoquera des entérites dysentériques. La gastro-entérite n'est pas une maladie qui dure longtemps, mais elle peut être fatale. Lorsqu'elle devient chronique, le traitement est très long.

Dès que vous remarquerez que votre Beagle est atteint de cette maladie, mettez-le au repos complet et à la diète totale pendant au moins une journée. Donnez-lui, pour étancher sa soif, un glaçon ou un peu d'eau minérale (non gazeuse) avec quelques gouttes de jus de citron, en alternance avec du jus d'orange ou du thé. En général, votre chien refusera toute nourriture, mais essayez de lui faire avaler une tasse de bouillon ou d'eau de riz. S'il n'y a pas d'amélioration, adressez-vous au vétérinaire qui prescrira des injections de cardiotonique et des solutions glucosées.

La bronchite

La bronchite peut s'attraper par temps humide ou froid. Elle peut aussi être la complication d'un rhume. Votre chien aura une toux sèche et respirera difficilement; sa truffe sera plus chaude que d'habitude et ses yeux seront rouges et larmoyants.

Laissez votre compagnon se reposer dans un endroit protégé des changements de température et des courants d'air, et donnez-lui des sirops balsamiques et antibiotiques. Diminuez ses rations de nourriture. Pendant sa convalescence, donnez-lui des aliments vitaminés et des fortifiants pour qu'il puisse rapidement se remettre sur patte et jouir de la vie.

La dysenterie

Si vous remarquez qu'une diarrhée est aggravée par des décharges liquides abondantes et des vomissements, il s'agit sûrement de dysenterie. Commencez par faire jeûner votre chien pendant 24 heures. Consultez votre vétérinaire afin qu'il vous conseille un régime qui aidera votre chien à se débarrasser de cette maladie.

L'obésité

L'obésité est un excédent de poids par rapport à la normale. Le Beagle, selon son tempérament, peut être porté ou non à devenir obèse. S'il court et bouge continuellement, il ne le sera pas; par contre, s'il est d'une nature nonchalante et même paresseuse, il y a toutes les chances pour qu'il le devienne si vous ne prenez pas certaines précautions. Une vie sédentaire et une nourriture trop abondante, surtout s'il est âgé, favorisent l'obésité chez cet animal. Si votre chien a tendance à grossir, diminuez sa ration d'aliments; évitez surtout de lui donner du pain, des pâtes, du sucre et, évidemment, des aliments gras. Faites-le jeûner une fois par semaine. Ces restrictions, combinées à des promenades et à des exercices quotidiens, lui permettront de retrouver une ligne conforme à sa race.

Les rhumatismes

On connaît mal les raisons des affections rhumatismales qui atteignent les articulations et les muscles. Plusieurs théories ont été avancées: elles pourraient être causées par un virus; elles pourraient également provenir des suites d'allergie ou d'uricémie. Le Beagle n'est pas fragile des articulations, mais vous devrez néanmoins le surveiller attentivement.

Étant donné que ce sont surtout les chiens adultes qui en sont atteints, on suppose que le mal est lié à l'âge ou au manque d'exercice. Les rhumatismes affectent surtout les muscles, le dos, les reins et le cou. Le traitement est simple: appliquez du salicylate de sodium sur les endroits douloureux et faites avaler à votre chien des petites doses d'aspirine. Gardez-le bien au chaud.

L'épilepsie

Les causes de l'épilepsie sont multiples. Elle se manifeste surtout chez le chien âgé et elle prend, dans ce cas, une forme nerveuse chronique. L'*épilepsie chronique* est héréditaire et touche le système nerveux, et plus précisément le cerveau, sans qu'on y retrouve de lésions.

Les attaques d'épilepsie sont imprévisibles: elles peuvent être fréquentes ou être espacées par de longs intervalles. Elles peuvent être causées par une peur soudaine ou par une excitation trop forte.

Lors d'une attaque, votre Beagle tombera en agitant convulsivement les pattes; son cou se repliera en arrière, il roulera des yeux et sa gueule sera pleine de bave; ses pupilles se dilateront et deviendront totalement insensibles à la lumière.

Ne confondez pas cette forme d'épilepsie avec l'*épilepsie réflexe* provoquée par des vers intestinaux ou par la constipation; celle-ci n'est pas dangereuse et disparaîtra avec sa cause. Votre vétérinaire vous aidera à les distinguer.

Il n'existe pas de médicaments qui puissent véritablement guérir un chien atteint d'épilepsie chronique. Certains traitements peuvent atténuer et réduire les attaques. Votre vétérinaire vous conseillera des calmants pour atténuer les crises, probablement des médicaments à base de bromure, sédatifs par excellence. Le chloral hydraté et le luminal peuvent également être administrés.

La tuberculose

Cette maladie peut toucher autant l'homme que le chien. Le chien pourra être contaminé par l'homme, en mangeant, par exemple, les restes de son repas. Vous aurez certainement appris à votre compagnon, au cours du dressage, à ne pas accepter de nourriture d'un étranger et à ne pas se nourrir de déchets dont il ne connaît pas la provenance.

La tuberculose est une maladie qui dure longtemps et qui devient souvent chronique. Le Beagle maigrira au fur et à mesure que la maladie progressera: il perdra complètement l'appétit. Vous remarquerez une diminution considérable ou même la disparition de sa volonté. Sa température sera un peu plus élevée que la normale. En général, vous ne vous adresserez au vétérinaire que lorsque les symptômes deviendront plus graves: une respiration saccadée et plus rapide, des muqueuses très pâles, un amaigrissement et de la fatigue. Il existe deux formes de tuberculose. La *tuberculose pulmonaire* se caractérise par une toux, par un écoulement nasal purulent et par une pleurésie accompagnée de fortes transpirations. La *tuberculose abdominale* se caractérise par un grossissement de la région abdominale, de la diarrhée, un épanchement de liquide aqueux dans les parois intérieures de l'abdomen et un manque d'appétit.

Au début de la maladie, la température est d'environ 39,5 °C (103,1 °F); elle peut atteindre ensuite plus de 40 °C (104 °F). La tuberculose est difficilement détectable et peut aisément être confondue avec d'autres maladies reliées au système respiratoire ou au système gastro-intestinal. Les indices les plus sûrs pour savoir si votre Beagle est atteint de tuberculose sera sa maigreur inhabituelle, l'apparition de creux sur son crâne et la réduction de ses muscles.

Afin d'être certain que votre chien est atteint de tuberculose, demandez à votre vétérinaire d'effectuer un examen microscopique pour identifier le bacille de Koch. Ce bacille peut être repéré dans les sécrétions nasales et dans le liquide péritonal. La guérison de votre chien n'est pas garantie; le traitement est long et difficile. Peut-être serez-vous dans l'obligation d'abréger les souffrances de votre compagnon.

Le coryza

Le coryza, également appelé rhinite catarrhale, est une simple inflammation de la muqueuse nasale due à un virus. Ce virus provoque une grippe que l'on compare parfois à un simple rhume. Observez bien votre chien afin de ne pas confondre le coryza avec la maladie de Carré: les symptômes se ressemblent. Cette maladie se manifeste par des éternuements répétés, une sécrétion nasale aqueuse qui devient purulente par la suite. Les principales causes du coryza sont les changements brusques de température combinés à une hausse du pourcentage d'humidité. Gardez votre Beagle bien au chaud.

Traitez l'infection avec une préparation salicylique et des inhalations à base d'essence de térébenthine que vous verserez, goutte à goutte, dans une cuvette remplie d'eau bouillante. Rendez votre compagnon compréhensif en lui parlant doucement; il est plus que probable qu'il n'aimera pas le traitement...

La constipation

Une alimentation mal équilibrée et le manque d'exercice peuvent constiper votre chien. Faites-lui absorber de l'huile de vaseline ou de l'huile d'olive, mais n'administrez pas de purge ou de laxatifs qui ne feraient qu'aggraver le mal en irritant la muqueuse intestinale.

Le tétanos

Cette maladie est due au développement, dans une plaie, du bacille de Nicolaier. Le tétanos est plutôt rare chez le chien, mais vous devrez néanmoins surveiller les plaies souillées de fumier, de terre ou d'autres éléments de ce genre. Dans ce cas, faites faire à votre chien une injection de sérum antitétanique. Vous pouvez d'ailleurs, pour être tout à fait tranquille, le faire vacciner par votre vétérinaire avec de l'anatoxine antitétanique découverte par le bactériologiste Ramon.

La rage

Cette terrible maladie, jusqu'à la découverte du sérum antirabique par Pasteur, était le cauchemar de tous les propriétaires d'animaux. Bien qu'elle ne soit pas totalement enrayée, cette maladie est maintenant contrôlée, et il est désormais possible d'immuniser votre chien. Néanmoins, il est absolument nécessaire que vous en connaissiez les symptômes si jamais elle se manifestait.

Un des premiers symptômes de la rage est le besoin de solitude de votre chien. Il ne sera cependant pas déterminant puisque ce besoin est aussi le symptôme d'autres maladies. L'inverse peut d'ailleurs se produire: votre chien peut devenir soudainement joyeux. Il faut distinguer la rage furieuse de la rage muette. S'il a la *rage furieuse*, le chien aboie et mord; il devient furieux et menaçant, il voudra mordre les personnes et les objets qui l'entourent, au risque de se briser les dents. S'il a la *rage muette*, il restera calme, sans aboyer, mais il aura toujours la gueule ouverte; il deviendra insensible à la douleur.

Dans les deux cas, il s'éloignera instinctivement de la maison, et vous ne le reverrez pas avant deux ou trois jours. Pendant ce temps, il errera en se nourrissant de pierres, de clous, de chiffons, des choses les plus répugnantes qu'il trouvera et les rejettera mêlées à du sang. Il cherchera à boire, tourmenté par la soif. Il ne reviendra dans la maison de son maître que pour y mourir. Il aura aussi des hallucinations: il croira voir des personnes et des objets qui n'existent que dans son imagination malade. Ses paupières s'abaisseront et il aura le regard vitreux et fuyant. Il tentera de se gratter la gorge comme s'il avait avalé quelque chose. La paralysie affectera d'abord ses membres postérieurs puis se développera dans tout le corps.

Ne confondez pas la rage avec une attaque épileptique. Au cours d'une telle crise, le chien a également des convulsions et de l'écume aux lèvres, mais cela ne dure que quelques minutes et n'a rien à voir avec la rage. Votre vétérinaire, après un examen scrupuleux, pourra déterminer, en deux jours à peine, si votre chien est atteint ou non de la rage.

Si vous êtes mordu par un chien qui semble avoir la rage, vous devrez avoir recours au traitement préventif selon la méthode Pasteur. Il vaut mieux prévenir que risquer une infection. Il faut immédiatement désinfecter la blessure. En règle générale, n'approchez pas les chiens que vous ne connaissez pas ou que vous croyez atteints de la rage, surtout s'ils ont des déchirures à la gueule.

Le diabète

Il y a deux sortes de diabète: le diabète *melitus* et le diabète insipide. Le *diabète mélitus* provient d'une grande perturbation du métabolisme du chien: en effet, son pancréas ralentit ou cesse complètement l'élaboration de l'insuline; au lieu de nourrir les tissus, le sucre est alors éliminé dans les urines. Votre chien pourra continuer à avoir de l'appétit, mais s'affaiblira au fur et à mesure que la maladie évoluera. Il aura de plus en plus faim et soif. La quantité d'urine éliminée augmentera sensiblement. La peau deviendra sensible aux infections et aux lésions qui se cicatriseront plus lentement.

Votre vétérinaire prescrira des piqûres quotidiennes d'insuline à doses variables, selon la taille et le poids de l'animal. Évitez de lui donner des farineux et des aliments sucrés quels qu'ils soient. Si vous ne traitez pas le diabète, votre chien entrera dans le coma diabétique qui précède la mort.

Le *diabète insipide* provient de lésions des centres nerveux ou des séquelles d'une autre maladie qui aura affaibli le chien. Son urine sera abondante et claire, il maigrira progressivement et éprouvera une grande soif, jamais étanchée. Il s'affaiblira et aura de très longues périodes de somnolence. Votre vétérinaire lui prescrira des toniques et de petites doses de stéroïdes. Armez-vous de beaucoup de patience, le traitement sera très long.

La nervosité excessive

Si votre chien ne dort plus, aboie continuellement et devient agressif tout en ayant l'air en bonne santé, vous devrez le faire soigner pour des troubles d'ordre psychologique. Ces troubles peuvent survenir lors d'un voyage, d'un déménagement ou lors de l'achat de votre Beagle. Administrez-lui un sédatif. Si ces troubles dégénèrent en convulsions ou en crises nerveuses graves, consultez sans tarder votre vétérinaire.

Les maladies de la femelle

La grossesse nerveuse

Le Beagle femelle pourra se comporter comme si elle était gravide sans avoir eu de rapports avec un mâle. Elle oubliera de se nourrir, elle gémira et se mettra à préparer une couche pour ses soi-disant nouveau-nés. Même ses mamelles pourront gonfler. La grossesse nerveuse est tout de même peu courante, mais, si cela se produit, consultez votre vétérinaire qui décidera, avec vous, s'il y a lieu de pratiquer l'ablation des ovaires et de l'utérus.

Les kystes ovariens

Les kystes ovariens sont plutôt rares chez la chienne parce que les follicules restent liquides. Mais si, néanmoins, elle est atteinte, votre chienne sera en chaleur de façon permanente et elle ne pourra probablement pas procréer. Le vétérinaire devra pratiquer l'ablation des ovaires et de l'utérus pour la guérir.

L'éclampsie

Quand la chienne est prête à mettre bas, et encore plus souvent après la naissance de ses chiots, elle peut avoir une crise semblable à une attaque d'épilepsie. Elle se balance d'abord puis tombe sur le côté; ses pattes deviennent raides et elle les lance dans le vide; elle commence à baver.

Tous ces symptômes peuvent disparaître comme ils sont venus, mais, comme il n'est pas possible de prévoir une récidive, il vous faudra consulter votre vétérinaire qui prescrira un calmant ou des sels de calcium sous forme d'injection. Il décidera également s'il est bon de continuer l'allaitement des chiots; le surplus de calcium pourrait leur être néfaste.

La mammite

La mammite, ou mastite, est l'inflammation d'une ou de plusieurs mamelles. Cette inflammation est causée par un coup, une infection bactériologique ou une congestion qui provoque la lésion du téton. Ce sont souvent les petits qui en sont responsables, surtout si la mère n'a pas suffisamment de lait. La chienne s'éloigne alors des chiots puisque chaque fois qu'ils tètent, elle sent une douleur provenant du tiraillement des mamelles. Le vétérinaire soignera votre Beagle avec des médicaments à base d'antibiotiques.

La vaginite

Au cours d'une saillie, le pénis du mâle peut causer des lésions au vagin. Elle peut également survenir après la mise bas. Vous remarquerez, si votre chienne souffre de cette inflammation, qu'elle devient nerveuse et qu'elle perd du sang par la vulve. Le vétérinaire fera suivre à votre chienne un traitement antibiotique adéquat.

La métrite

La métrite est l'inflammation de l'utérus. Elle est due à des infections provenant d'une retenue des enveloppes foetales. Elle peut également survenir lors d'un accouchement. Vous remarquerez une sécrétion liquide malodorante et sanguinolente. La femelle perdra l'appétit, elle faiblira physiquement, perdra du lait, et sa température montera parfois jusqu'à plus de 40 °C (104 °F). Consultez aussitôt le vétérinaire: il prescrira les médicaments appropriés ainsi que des antibiotiques qui feront baisser la fièvre.

La propreté de sa couche et de ses parties génitales, lorsque la chienne met bas, est la meilleure prévention contre cette maladie.

La vulvite

Les causes de la vulvite sont les mêmes que celles de la vaginite. La partie externe du vagin, la vulve, s'enflamme. L'application d'une pommade à base d'antibiotiques devrait suffire à guérir votre chienne.

Les maladies du mâle

L'altération du pénis

Deux cas peuvent se présenter: l'inflammation de l'extrémité du pénis provoquée par un traumatisme; la fracture de l'os pénien au cours d'un accouplement ou lors d'un choc contre un obstacle. Le vétérinaire, qui devra être immédiatement consulté, administrera à votre chien des antibiotiques dans le cas de l'inflammation ou aura recours à une intervention chirurgicale s'il y a fracture.

L'orchite

L'orchite est l'inflammation d'un ou des deux testicules de votre Beagle. Elle est presque toujours due à un coup reçu dans les parties génitales. Quelquefois, l'orchite peut se déclarer à cause de la présence de microbes.

Pour soulager votre chien, appliquez des compresses chaudes et humides imprégnées de sulfate de soude. Consultez votre vétérinaire s'il y a infection: il vous prescrira les antibiotiques appropriés.

La chaleur de son regard et sa gentillesse vous récompenseront de vos efforts...

La bonne conduite

Ses activités

Si vous désirez avoir près de vous un chien de chasse respirant la gaîté et pouvant, en outre, être un bon compagnon, n'hésitez pas: choisissez le Beagle. En plus, ne l'oubliez pas, c'est un excellent ami des enfants.

Votre Beagle est robuste et peu sujet aux maladies. Son intelligence et son caractère affectuoux serviront son maître en toutes occasions: il lui sera totalement fidèle.

Il assimilera rapidement les leçons de dressage et vous devrez rarement répéter un exercice, à condition, bien entendu, que vous ne lui passiez rien; son dressage devra être fait très sérieusement: il faut qu'il sente la main du maître; soyez strict mais juste: votre Beagle ne comprendra pas que vous le réprimandez si vous ne le faites pas aussitôt qu'une faute ou une désobéissance a été commise.

Dressez-le à être un bon chien de chasse et de compagnie; il fera la joie de toute votre famille. Vous lui apprendrez, en plus, à rapporter des objets et à trottiner près de vous quand vous vous promenez; dans ce cas, ayez toujours une laisse avec vous, il se pourrait que vous vous engagiez dans un quartier où les chats aiment, et c'est leur droit, également se promener...

En fait votre Beagle sera le fruit de votre dressage et, si vous en suivez consciencieusement toutes les règles, vous n'en retirerez que des satisfactions. Vous devez toutefois le dresser en fonction de ses capacités, celles d'être un chien de compagnie ou de chasse. Il doit avoir des activités qui correspondent à sa nature.

Soyez affectueux avec votre Beagle et félicitez-le après chaque exploit. Complimentez-le, caressez-le plutôt que de lui donner une sucrerie, qu'il ne dédaignerait pas d'ailleurs. Une nourriture appropriée, de longues promenades, un dressage approprié lui donneront une forme physique et mentale dont vous n'aurez qu'à vous réjouir.

Ne laissez jamais votre chien, quel qu'il soit, s'ennuyer, il ferait une bêtise pour passer le temps...

Son dressage

Le début du dressage

Pour être un chien équilibré, votre Beagle a besoin d'être dressé d'une main ferme. Vous remarquerez, une fois le dressage terminé, combien votre chien est fier de pouvoir accomplir ce que vous lui ordonnez. N'oubliez pas que votre Beagle a tendance à être désobéissant et qu'il vous faudra, avant d'arriver au résultat final, parcourir avec lui un long chemin. Si vous ne vous en sentez pas la force, nous vous conseillons de vous faire aider par un dresseur professionnel, choisi avec discernement après avoir demandé conseil à votre entourage et surtout à un conseiller canin. Ces suggestions devront être prises très au sérieux.

La première partie du dressage du Beagle vise à faire comprendre à l'animal les contraintes de la vie de tous les jours: ne pas aboyer quand on le lui ordonne, ne pas faire ses besoins là où cela ne le lui est pas permis, savoir rester tenu en laisse, ne pas voler, répondre à son nom, marcher près de vous quand vous le lui demandez, etc.

La deuxième partie du dressage amènera le Beagle à être physiquement et moralement prêt à obéir, à avoir un sens encore plus aigu de la propriété. Cette phase du dressage débute lorsque votre Beagle a environ sept mois.

Le Beagle, comme tout autre chien, a besoin d'un maître, ne l'oubliez surtout pas. Il obéira à des personnes qui savent se faire respecter et lui donner des ordres clairs.

Si, lors du dressage, votre chien devient hargneux, sachez que vous en êtes le seul responsable. Votre compagnon a besoin d'être dominé; prenez un air sévère, donnez les ordres appropriés, mais restez toujours juste. Le Beagle a une très bonne mémoire. Un dresseur habile peut lui faire comprendre beaucoup de mots différents. On peut même arriver, grâce à son intelligence, à ce qu'il réponde par gestes à certaines questions qu'on lui pose.

Ne compromettez pas l'avenir de votre chien et vos relations avec lui par un mauvais dressage; l'effort en vaut la peine.

Le dressage du chiot

Commencez par habituer votre chiot à satisfaire ses besoins à l'extérieur. Assignez-lui une place fixe à cet effet, un endroit qui restera le sien.

Ne grondez votre chien qu'au moment précis où il commet une bêtise, parce que, ce moment passé, il ne pourrait en aucune façon comprendre pourquoi vous le punissez. Sachez que votre Beagle, comme d'ailleurs tous les autres chiens, ne peut lier la cause à l'effet que si ces deux actes sont simultanés.

Complimentez, récompensez votre jeune chien lorsqu'il fait ce que vous lui demandez. Cette méthode est excellente: votre chiot répétera les mêmes gestes pour recevoir une récompense, et cette répétition en fera des gestes habituels.

Ne frottez jamais le nez de votre chiot sur la cause de sa bêtise; ce geste est totalement inutile et pourrait même être néfaste. Si votre chiot fait une bêtise, grondez-le immédiatement. S'il fait ses besoins là où il n'est pas autorisé à les faire, sortez-le pour lui montrer l'endroit qui lui est réservé. Votre Beagle est parfois désobéissant, mais il est propre par instinct. S'il renifle le sol ou cherche à s'isoler, emmenez-le tout de suite à l'endroit réservé à ses besoins.

Éduquez votre chien est une bonne chose, mais ce n'est pas suffisant: vous aurez également à éduquer votre famille; le chiot copie tout et il ne faudra donc pas lui montrer de mauvais exemples.

Dresser un chien de façon approximative n'a jamais rien donné de bon. Si vous décidez de faire dresser votre Beagle par des spécialistes, vous devez savoir qu'un bon dressage pourrait vous coûter deux ou même trois fois le prix payé pour le chien. Mais il s'agit d'un investissement rentable si vous tenez compte des services que vous rendra votre compagnon. Votre Beagle, en devenant un chien dressé à la perfection, couvrira aisément votre dépense; de plus, vous aurez la satisfaction d'être le maître d'un chien convenablement dressé.

Nous vous donnons le détail d'un dressage que vous pouvez effectuer vous-même. Il vous donnera des résultats satisfaisants si vous le faites avec un sérieux sens de l'éducation.

Les principes

Voici les différents principes à suivre pour dresser votre Beagle avec efficacité.

1. Les ordres doivent être donnés de manière à ce que le chien puisse associer le ton de votre voix à l'exécution de l'ordre. Le chien ne peut pas saisir la signification des mots prononcés, il obéira donc d'après l'intonation. Il est absolument nécessaire de faire comprendre à votre chien le lien entre l'ordre donné et l'exécution de l'exercice. Vous y arriverez à force de patience et surtout de répétitions; ne changez surtout pas le ton de votre voix; ayez toujours le même ton pour le même ordre. Pour un exercice comportant un seul mouvement, l'ordre doit être donné sur un ton sec et avec des mots courts; l'ordre pour une série de mouvements, sur un ton plus amical et avec des mots plus longs. N'oubliez pas que votre Beagle est un animal plutôt sensible et que si vous lui donnez un ordre lorsque vous êtes énervé, vous provoquez chez lui la confusion et le doute.

2. Commencez le dressage par les exercices les plus faciles, en allant progressivement vers les plus difficiles. Ne commencez pas une nouvelle phase du dressage avant que la phase précédente ne soit totalement assimilée.

3. Chaque leçon de dressage se terminera quand le chien aura correctement accompli l'exercice; vous ne devez jamais l'interrompre au milieu d'un exercice. Si vous voyez que votre chien est fatigué, soyez suffisamment habile pour arrêter la leçon dès qu'il aura accompli l'exercice de façon satisfaisante. N'oubliez pas de le féliciter. Quand l'exercice est composé de plusieurs mouvements et que votre chien n'a pas bien compris ou n'exécute pas correctement une partie de cet

exercice, faites-le-lui répéter au complet et non seulement cette partie: vous devez obtenir un enchaînement parfait de tous les mouvements qui le composent.

4. Lorsque vous donnez un ordre, soyez gai, énergique et dynamique. Donnez l'exemple à votre chien. Évitez les mauvaises manières et les gestes d'impatience.

5. Vous devez faire répéter les exercices dans des endroits différents afin que l'environnement n'influence pas le chien. Quand les premiers exercices d'obéissance auront bien été assimilés, passez à des exercices plus difficiles.

6. Il est bon, avant de commencer une leçon, de laisser votre Beagle satisfaire ses besoins physiologiques; laissez-lui quelques minutes de liberté à cet effet.

7. Établissez un horaire pour le dressage du chien. Le meilleur moment est avant ses repas. Il considérera ainsi la nourriture qu'il reçoit comme une récompense pour avoir bien accompli ses exercices. N'amenez jamais votre Beagle sur le terrain d'exercices juste après les repas: le chien réagirait avec paresse et sans enthousiasme aux ordres que vous lui donneriez.

8. Si vous vous sentez nerveux, il vaut mieux renoncer à la leçon et la reporter à plus tard; dans cet état, vous n'obtiendriez rien du chien et vous risqueriez même de compromettre ce que vous avez réussi jusque-là.

9. Comme tout un chacun, votre Beagle peut ne pas avoir envie de travailler ou être indisposé pour une quelconque raison. Observez toujours votre compagnon attentivement avant chaque leçon

pour déceler s'il n'est «pas d'humeur» à faire ses exercices. Traitez-le avec affection et humanité, préoccupez-vous de sa santé et décidez s'il est préférable de commencer la leçon ou de la remettre à plus tard.

10. Examinez tous les jours les pattes, les ongles et les espaces interdigitaux de votre Beagle; soignez-le si vous remarquez des piqûres, des lésions ou toute autre blessure mineure.

11. Le collier ne devrait être utilisé qu'avec un chien très rebelle ou au caractère extrêmement difficile. Si tel est le cas, corrigez ses erreurs en tirant avec plus ou moins de force sur la laisse selon l'ampleur de la faute commise. L'utilisation du collier clouté comme punition doit faire comprendre au chien que la désobéissance ne paie pas et est punie durement.

12. Ne vous laissez pas prendre au dépourvu par votre chien. Essayez de deviner pourquoi il ne veut pas faire un exercice: il est préférable de ne pas le lui faire faire plutôt que ce soit lui qui en prenne la décision.

13. Si votre chien refuse d'exécuter un exercice alors qu'il en est capable, grondez-le sévèrement *immédiatement* et ordonnez-lui de l'exécuter. Par contre, si votre chien s'est trompé parce qu'il n'a pas compris, faites-lui répéter l'exercice sans le gronder.

14. Ne prononcez pas de longues phrases en donnant des ordres à votre chien; il ne les comprendrait pas. Peu de mots sur un ton impératif sont préférables.

15. Quand votre élève a bien travaillé, récompensez-le par quelques tapes affectueuses

sur le cou avec le plat de la main; faites-lui faire une petite halte dans son entraînement; offrez-lui une friandise, mais pas trop souvent, cela n'est guère conseillé pour sa bonne forme et sa santé. Quand vous le félicitez pour l'exécution de ses exercices, parlez-lui sur un ton amical et affectueux

16. Comme nous l'avons expliqué pour le chiot, vous ne devrez jamais interrompre une leçon avant que votre chien n'ait terminé l'exercice que vous lui avez donné à faire. Si néanmoins vous le faites, même une seule fois, vous créerez une habitude d'indiscipline et de désobéissance. Il vous sera difficile, par la suite, de lui faire perdre ces mauvaises habitudes.

17. Si vous avez décidé de dresser vous-même votre chien, vous ne devez jamais, au grand jamais, vous faire remplacer pendant le dressage. La personne qui prendrait votre place pourrait faire une erreur qu'il vous serait, par la suite, pratiquement impossible de corriger, le Beagle apprenant une fois pour toutes.

18. Ne faites pas de votre chien un clown en montrant à vos amis ce qu'il sait faire par des exhibitions d'habileté. Ce serait une grande erreur de transformer en jeu ce qui doit être, pour votre chien, un travail.

19. Lorsque vous aurez terminé la leçon de dressage, ne donnez pas tout de suite à boire au chien; attendez qu'il se soit calmé et que son agitation ait disparu.

20. Après la leçon et avant de le libérer, brossez-le et frottez-lui énergiquement le dos, l'arrière-train et la poitrine avec une serviette destinée à cet

usage. Laissez-le se détendre et satisfaire ses besoins physiologiques.

Le dressage

La première chose à faire lorsque vous décidez de dresser votre chien est d'établir une liste des exercices qui conviennent le mieux à son activité future, c'est-à-dire à la «profession» à laquelle vous le destinez. Vous observerez bien vite que votre Beagle est un animal que vous pouvez dresser facilement. Il est très intelligent. Il apprendra vite ses leçons et les mémorisera aisément.

Quoi qu'il en soit, vous avez acheté un chien pour en faire un ami et un serviteur capable de vous rendre certains services. Il sera votre serviteur mais pas votre chien de cirque: entraînez-le donc sérieusement et non pour faire l'amusement de vos amis.

Sachez que vous n'apprendrez absolument rien de nouveau à votre chien: il accomplit déjà tous les exercices mais à son propre avantage; il se couche et s'assied, il saute, attaque, se défend et rapporte des objets.

En fait, lorsque l'on parle de dresser un chien, celui-ci se doit d'utiliser son savoir, ses aptitudes et ses capacités quand il en reçoit l'*ordre* et non selon son humeur. En d'autres mots, nous exploitons les possibilités du chien à notre profit, pour nous venir en aide en cas de besoin, par exemple.

Ne commencez pas le dressage proprement dit avant que votre chien n'ait atteint l'âge de huit mois, et il vaudrait même mieux attendre qu'il ait neuf mois. Il faudra attendre son premier anniversaire avant de lui faire exécuter des exercices d'attaque et de saut. Le faire avant cet âge comporte des risques de fractures ou de luxa-

114

tions, son ossature n'étant pas encore suffisamment solide. Il vaut mieux consulter votre vétérinaire qui saura vous dire si vous pouvez commencer ou non le dressage en considérant l'état du développement de l'animal. Comme pour tout autre travail, vous aurez besoin, pour le dressage de votre Beagle, d'une série d'instruments qui vous seront utiles pour la plupart des exercices:

- un collier de cuir;
- un collier en chaînette métallique à noeud coulant;
- un collier clouté;
- un harnais et une laisse à mousqueton d'environ 6 m (20 pi);
- une laisse de dressage en cuir de 1,50 m (5 pi), pourvue d'un mousqueton;
- une muselière en cuir à trame serrée;
- un fouet en cuir dur de 1 m (3 pi) de longueur (genre cravache);
- un bâtonnet de 25 à 30 cm (10 à 12 po) de long;
- une corde en plastique ou en chanvre pourvue d'un mousqueton, d'environ 30 m (100 pi);
- une chaîne métallique de 10 m (30 pi) avec des crochets permettant d'en réduire la longueur selon les besoins;
- un vêtement pour l'attaque en toile assez épaisse, rembourré, avec l'intérieur en cuir;
- un revolver tirant à blanc et à forte détonation, mais ressemblant à une vraie arme;
- une brosse;
- un petit grattoir métallique;
- une serviette épaisse et raide;
- un cercle de 80 cm (2,5 pi) de diamètre avec

un socle réglable jusqu'à environ 1,50 m (5 pi);
• un obstacle en bois pour faire sauter le chien,
d'une hauteur réglable de 10 cm (4 po) à
1,50 m (5 pi).

Voyons maintenant quel usage vous ferez de ce matériel:

Le collier métallique à noeud coulant peut être soit fixe, soit mobile. Il est utilisé dans les exercices où le Beagle est tenu en laisse, pour le rappeler ou pour lui faire comprendre qu'il a mal exécuté un exercice.

Le collier clouté devra être employé avec beaucoup de mesure et de prudence. Il s'agit d'une punition très douloureuse, car le cou est une partie délicate du corps de l'animal. Ce collier ne devrait être utilisé que pour mater un chien agressif, très rebelle ou paresseux, qui mérite une bonne punition.

Le harnais et la laisse à mousqueton sont utilisés lors des exercices en plein air lorsqu'il s'agit de retrouver une personne. Ils vous permettront de suivre à distance le chien parti sur les traces de la personne recherchée.

La laisse de dressage en cuir est l'instrument de correction lors des exercices. Elle peut aussi servir de signal pour les exercices à distance.

Le fouet en cuir du genre cravache sert à provoquer le chien pendant les premiers exercices d'attaque. Employez-le plus pour le menacer que pour le frapper. Menacé, votre chien réagira vivement et vous le mettrez encore plus en colère en lui donnant quelques coups mais très légers.

La muselière en cuir à trame serrée est utilisée avant que votre chien ne soit entraîné à obéir à l'ordre de «lâcher prise». Vous l'emploierez donc dans les premiers exercices d'attaque et de garde d'objets.

Le bâtonnet est utilisé pour apprendre au chien à

116

rapporter des objets et à les sortir de l'eau. Vous l'utiliserez également pour lui enseigner le sauvetage de personnes qui sont tombées à l'eau.

La corde en plastique ou en chanvre est parfois utilisée dans les exercices de recherche de personnes et plus particulièrement lors d'exercices où le Beagle doit parcourir de longues distances.

La chaîne métallique est utilisée lors des tout premiers exercices d'attaque. Vous pourrez également vous en servir pour attacher votre chien à un poteau ou à un arbre ou pour éviter qu'il n'agresse un soi-disant malfaiteur.

Le vêtement pour l'attaque doit être endossé par la personne qui joue le rôle de l'agresseur lors des exercices d'attaque libre suivant l'entraînement sans muselière et sans laisse. Ce vêtement servira à protéger «l'agresseur» contre les attaques du Beagle entraîné à devenir un chien de garde.

Le revolver à blanc habitue le chien au bruit des détonations et stimule son instinct de garde. Il habitue l'animal à un signe de la présence de malfaiteurs et à se diriger rapidement vers l'endroit d'où la détonation est partie.

La brosse, le grattoir et la serviette sont nécessaires pour la toilette du chien. Brossez-le à la fin de chaque leçon. Utilisez avec précaution le grattoir: servez-vousen pour nettoyer sa robe. Frictionnez le poil et la peau du chien avec la serviette. Ces opérations favorisent la circulation du sang, la relaxation des muscles et la détente.

Le cercle à socle réglable est utilisé pour donner au chien l'habitude de sauter dans différentes situations. Commencez par lui faire exécuter le saut dans un cercle simple pour en arriver, progressivement, à le faire sauter dans un cercle enflammé.

L'obstacle démontable et réglable permet aussi au chien d'apprendre à sauter des obstacles quand les circonstances l'imposent ou lorsque vous le lui demandez.

Les différents exercices

Exercice: la marche au pied

Les ordres: «au pied» et «va».
Le matériel: le collier à noeud coulant et la laisse de dressage.
Les punitions: pour une erreur légère: «non», d'une voix douce; pour une erreur sérieuse: «pfft», d'une voix sèche et sévère.

Le but de cet exercice est d'apprendre au chien à vous suivre, peu importe le parcours, tout en restant à vos côtés, toujours à votre gauche, sans vous dépasser ni rester en arrière. À la fin de cet exercice, votre Beagle saura marcher correctement en laisse sans tirer sur le collier.

Mettez-lui le collier à noeud coulant auquel vous aurez fixé la laisse de dressage. Placez le chien à votre gauche, de telle façon que son épaule soit à la hauteur de votre genou et que ses pattes soient au niveau (plus ou moins) de la pointe de vos chaussures. L'espace entre votre genou et le chien devra être d'environ 10 cm (4 po). Veillez à ce que la ligne de la colonne vetébrale de votre chien demeure parfaitement perpendiculaire à la verticale de votre jambe. Il faudra que le chien s'habitue à marcher droit et qu'il ne prenne pas la mauvaise habitude de marcher obliquement.

Au moment de commencer l'exercice de la marche au pied, tenez la laisse dans votre main droite; votre main gauche doit être près du mousqueton, toujours prête à diriger les premiers essais de votre chien. Votre Beagle qui aura, jusqu'à ce moment-là, toujours été libre de ses mouvements, sera étonné, mais n'y faites pas attention. Ordonnez-lui «au pied» afin qu'il prenne la position correcte et ensuite ordonnez-lui «va» pour commencer la marche. Il est très important, lorsque vous donnez l'ordre «au pied», de vous frapper en même temps la cuisse gauche. Faites un signe de la main qui indiquera le moment du départ en donnant l'ordre «va».

Votre chien commettra quelques erreurs lors de ses premières tentatives; aidez-le en lui faisant répéter l'exercice, en corrigeant ses erreurs sans vous mettre en colère. Si votre chien s'éloigne de votre genou, corrigez-le en lui faisant recommencer l'exercice le long d'un mur.

Exercice: assis

L'ordre: «assis».
Le matériel: le collier à noeud coulant et la laisse de dressage.
L'endroit: sur la piste.

Cet exercice a pour but de lui apprendre à s'asseoir lorsque vous lui en donnez l'ordre. Ordonnez-lui «au pied», puis «assis» en appuyant sur sa croupe pour le torcer à s'asseoir tout en maintenant son menton dans la bonne position. Apprenez-lui ensuite à répondre aux signaux. Mettez-vous au garde-à-vous et ordonnez-lui «assis» tout en étendant le bras droit, de façon à former un angle droit avec votre corps. Le chien comprendra rapidement que le bras tendu et l'ordre «assis» ont la même signification.

Exercice: aboiement sur ordre

L'ordre: «aboie» et «assez».
Le matériel: le collier à noeud coulant et la laisse de dressage.

Attachez-le avec sa laisse à un poteau ou à un arbre. Placez-vous devant lui et, avec l'index pointé dans sa direction, donnez-lui l'ordre «aboie» et menacez-le en agitant l'index. Évidemment, le chien ne réagira pas. Éloignez-vous. Le chien ne pourra pas vous suivre puisqu'il est attaché, il protestera en aboyant; il faudra alors vous retourner immédiatement, en ordonnant à nouveau «aboie» tout en agitant l'index. Félicitez-le.

Dès que votre chien répondra sans hésiter, habituez-le à aboyer devant une situation insolite ou un objet étrange.

Apprenez-lui à se taire; pour cela serrez-lui le museau avec la main droite et répétez sans cesse «assez». Dès qu'il aura réussi cet exercice, félicitez-le chaleureusement.

Exercice: appel au pied

L'ordre: «viens».
Le matériel: le collier à noeud coulant et la laisse de 6 m.

Vous avez sûrement déjà habitué votre chien à accourir vers vous dès que vous prononcez son nom. Cet exercice lui apprendra à se placer à côté de votre pied gauche ou devant, selon l'ordre que vous lui donnerez.

Pour cet exercice, tenez le chien en laisse. Lancez une pierre, ou un autre objet, loin de vous, mais pas à plus de 6 m (20 pi), et dites-lui d'aller la chercher. Dès qu'il arrivera près de la pierre, donnez-lui l'ordre «viens» et tirez sur la laisse pour l'obliger à revenir. Caressez-le et félicitez-le.

Exercice: arrête

L'ordre: «arrête».
Le matériel: le collier à noeud coulant, la laisse de 6 m et un sifflet à ultra-sons.

Cet exercice est important puisqu'il vous permettra d'empêcher votre chien d'attaquer sans raison. Donnez l'ordre «assis». Placez-vous face à votre chien et, après quelques instants d'immobilité, ordonnez «viens» en levant le bras. Dès qu'il commence à s'approcher, ordonnez «arrête» en étendant le bras droit, la paume de la main tournée vers l'avant.

Exercice: couché

L'ordre: «couché».
Le matériel: le collier à noeud coulant et la laisse de dressage.

Ordonnez à votre Beagle «assis» et, dès qu'il sera en position assise, prenez la laisse dans votre main gauche, près du mousqueton qui la fixe au collier et donnez l'ordre «couché». De la main droite, poussez-le par terre pour le forcer à s'étendre, les pattes antérieures allongées en avant, le ventre contre terre et les pattes postérieures repliées.

Exercice: debout

L'ordre: «debout».
Le matériel: le collier à noeud coulant et la laisse de dressage.

Ordonnez-lui «assis» puis «couché» et éloignez-vous. Il prendra automatiquement la position «debout» pour vous suivre.

Faites de ce désir un ordre. Ordonnez au chien «assis» et, après quelques instants, en restant immobile, ordonnez-lui «debout». Votre chien devra se lever en soulevant ses pattes postérieures, sans bouger de l'endroit où il se trouve. Pour arriver à ce résultat, tenez la laisse de la main gauche, près du mousqueton, et préparez-vous à employer votre pied gauche comme levier, en le plaçant sous le ventre du chien, entre les pattes antérieures et postérieures. En donnant l'ordre «debout», tirez la laisse vers le haut et poussez du pied le ventre du chien dans la même direction en l'obligeant à se lever.

Exercice: la marche derrière le maître

L'ordre: «en arrière».

Le matériel: le collier à noeud coulant, la laisse de dressage et quelques brindilles sèches.

Mettez-lui sa laisse de dressage et donnez-lui l'ordre «au pied», faites-lui exécuter ensuite quelques exercices «assis», «couché» et «debout», puis de nouveau «assis». Demandez à votre compagnon de ne pas bouger et faites quelques pas jusqu'à ce que la laisse, que vous tenez dans la main droite, soit tendue derrière vous. À ce moment-là, donnez-lui l'ordre «viens».

Votre compagnon voudra prendre la position apprise «au pied», mais, à l'aide de quelques brindilles tenues dans votre main gauche, que vous agiterez derrière votre dos sans toucher son museau, empêchez-le d'avancer en lui donnant l'ordre «en arrière».

Exercice: le saut d'obstacles

L'ordre: «saute».

Le matériel: le collier à noeud coulant, la laisse de 6 m, l'obstacle à hauteur réglable.

Placez les planchettes à une hauteur de 40 cm (16 po). Mettez-lui la laisse de 6 m (20 pi), faites-lui prendre la position «au pied». Sautez l'obstacle en tirant sur sa laisse et en donnant l'ordre «saute». Votre chien franchira l'obstacle sans problème. Répétez l'exercice. Après lui avoir fait exécuter plusieurs fois cet exercice, ajoutez une planchette pour que l'obstacle ait environ 50 cm (20 po) de haut. Félicitez-le chaque fois. Lorsqu'il se sera bien familiarisé avec cet ordre et cet exercice, faites-le-lui recommencer sans laisse et réglez la hauteur de l'obstacle à 1,50 m (5 pi). N'augmentez pas la hauteur de l'obstacle tant que votre Beagle n'aura pas sauté avec confiance la hauteur précédente.

Exercice: le rapport d'objets

Les ordres: «rapporte» et «laisse».
Le matériel: le collier à noeud coulant, la laisse de dressage et le bâtonnet.

Commencez par laisser votre animal jouer avec le bâtonnet afin qu'il s'y habitue. Lancez-le ensuite au loin. Votre chien vous le rapportera avec joie.

Reprenez-le et sans jouer cette fois, donnez l'ordre «au pied» et faites une petite promenade, tout en gardant le bâtonnet dans votre main droite. Arrêtez-vous et faites le geste de l'offrir au chien; quand il voudra le prendre, donnez l'ordre «rapporte» tout en l'approchant de sa gueule.

Quand il aura appris à tenir l'objet dans sa gueule sans votre aide, vous pourrez lui donner l'ordre «laisse» tout en enlevant le bâtonnet de sa gueule et en le caressant pour le féliciter.

Exercice: la recherche
et le rapport d'objets

L'ordre: «cherche et rapporte».
Le matériel: le collier à noeud coulant, la laisse de
                 dressage et le bâtonnet.

Offrez au chien l'objet qu'il devra rapporter, mais ne lui mettez pas dans la gueule. Tenez-le à distance et augmentez cette distance jusqu'à l'endroit où votre chien devra le ramasser. Dès que votre Beagle saura comment faire pour rapporter l'objet et qu'il comprendra l'ordre, jetez le bâtonnet au loin et donnez l'ordre «cherche et rapporte». Lorsqu'il l'aura ramassé, donnez l'ordre «viens» et, dès qu'il vous aura rejoint, donnez l'ordre «laisse». N'oubliez surtout pas de féliciter l'animal à chaque exercice bien fait.

Exercice: la recherche
d'objets ou de personnes

Le flair est très développé chez le chien: il lui permet de repérer facilement une présence étrangère près de son habitation.

Certains éléments facilitent cependant la tâche du Beagle:

a. L'atmosphère fortement humide et le ciel couvert: les odeurs sont plus fortes, et l'évaporation, plus faible.

b. Un sol plus chaud que l'atmosphère: les courants d'air sont faibles sinon inexistants.

c. Les endroits où pousse beaucoup d'herbe et les endroits boisés: la végétation agit comme brise-vent.

d. La nuit: l'évaporation est plus lente. Les premières heures du jour et celles suivant le coucher du soleil, pendant l'été.

e. L'odeur de la personne perdue ou en fuite: plus l'odeur sera forte, plus le Beagle aura de la facilité à la retrouver. Si, par exemple:
- elle transpire;
- elle sent le parfum;
- elle est sale;
- elle est blessée et saigne;
- elle a pris de l'alcool ou des médicaments.

f. La rapidité: plus le temps s'écoule, plus il sera difficile pour votre animal de retrouver une trace.

Certains éléments rendront par contre la recherche plus difficile:

a. Un soleil de plomb et de fortes chaleurs.

b. Les pluies torrentielles.

c. Les eaux courantes comme le gué d'un ruisseau.

d. Les terres sablonneuses et silicieuses, un sol sec: le vent emportera les indices.

e. Les vents forts et les ouragans et, plus particulièrement, les vents secs et venant de l'Ouest.

f. Les terres remuées et les sols qui viennent d'être travaillés.

g. La neige et le verglas qui recouvrent les traces.

h. L'environnement urbain où toutes sortes d'odeur se mélangent.

i. Les surfaces très propres.

L'ordre: «va, cherche».

Le matériel: une balle de caoutchouc, du fromage, la laisse de 6 m, le harnais en cuir pour la recherche et une corde de 30 m.

Initiez votre Beagle à cet exercice très tôt, vers l'âge de quatre mois. Profitez des jeux pour lui lancer la balle

125

de caoutchouc afin qu'il vous la rapporte. Au fur et à mesure, compliquez le jeu en lançant la balle dans un lieu caché mais connu du chiot. Passez la balle dans du fromage, faites-la-lui flairer, reprenez-la et faites-la rouler sur le sol pour laisser sur son parcours l'odeur du fromage. Commencez à lui donner l'ordre «va, cherche». Ensuite apprenez au Beagle à vous retrouver alors que vous vous êtes caché. S'il ne vous trouve pas, appelez-le jusqu'au moment où il découvrira votre cachette.

La prochaine étape consistera à suivre une piste préalablement tracée. Utilisez le harnais et la laisse de 6 m (20 pi). Attachez votre chien à un lampadaire, à un poteau ou à un arbre pour qu'il ne puisse pas vous suivre et faites-lui flairer un morceau de viande. Faites ensuite un parcours en ligne droite et piétinez soigneusement le tracé devant l'animal. Commencez par piétiner une surface d'environ un demi-mètre carré (5 pieds carrés). À la fin du parcours, déposez un objet que votre chien affectionne et retournez auprès de lui. Détachez-le et faites-lui flairer le terrain que vous avez piétiné en lui donnant l'ordre «va, cherche».

Il se mettra à flairer en suivant la piste jusqu'au moment où il trouvera l'objet. Ne manquez pas de le féliciter. Votre élève aura appris à chercher quelque chose dont vous avez besoin.

La deuxième étape de cet exercice consiste à lui apprendre que vous ne cherchez pas toujours la même chose. Demandez à quelqu'un que votre Beagle connaît bien de vous aider: un enfant du voisinage, par exemple. Commencez par piétiner une surface d'un demi-mètre carré (5 pieds carrés) devant le chien avant de tracer une piste. Cette piste devra être tracée par votre assistant: il marchera en ligne droite sur une distance de 45 à 50 m (150 à 165 pi), puis tournera à droite ou à gauche pour se cacher.

L'animal, qui portera son harnais et sa laisse, aura observé l'assistant tout en restant à vos pieds. Ordonnez-lui ensuite «va, cherche». Vous suivrez, en marchant, la piste tracée par votre assistant. Répétez cet exercice pendant plusieurs jours mais en changeant d'assistant (qui sera toujours une personne que votre chien connaît bien et qui lui est sympathique).

Apprenez ensuite à votre chien à chercher votre assistant, mais sans qu'il ait pu le voir, en vous servant de ses vêtements. Avant de commencer l'exercice, inspectez bien le parcours en y laissant des repères. Demandez à votre assistant de se cacher environ un quart d'heure avant que vous n'arriviez sur les lieux. Emmenez votre chien à environ 50 m (165 pi) de sa cachette. Emportez avec vous un des vêtements de votre assistant comme une chaussure ou une chaussette (choisissez toujours un vêtement à l'odeur forte) et faites-le flairer par votre chien durant plusieurs minutes. Ordonnez alors «va, cherche» en montrant le sol avec votre doigt.

Continuoz cette leçon, une fois l'exercice précédent réussi, avec un autre collaborateur et des objets différents. Les découvertes de personnes cachées devront être bien récompensées, mais n'oubliez pas que cette récompense ne doit venir que de vous; votre Beagle ne doit jamais rien recevoir de personnes étrangères.

Exercice: refuser les aliments donnés par un étranger ou trouvés

L'ordre: «pfft».

La méthode la plus employée par les délinquants pour se soustraire au courroux d'un chien de garde est de lui offrir un appât empoisonné afin de s'en débarrasser.

Vous devez donc apprendre à votre Beagle à refuser toute nourriture qui pourrait lui être donnée par un inconnu. Vous aurez besoin de toute votre patience parce que votre chien est insatiable quand on lui offre un aliment qu'il aime; il mangera la nourriture qu'il ait faim ou non.

Les repas du chien doivent avoir lieu à heures fixes, mais pendant le dressage, nous vous conseillons de ne lui donner à manger que le soir afin de ne pas l'alourdir avant ses exercices. Afin de mener à bien cet exercice, vous aurez besoin de l'aide de plusieurs de vos amis; choisissez des personnes que votre chien connaît et d'autres qu'il ne connaît pas du tout.

Faites jeûner l'animal une fois par semaine et, quand il est à jeun depuis la veille, amenez-le vers la piste où arrivera un assistant que votre chien connaît déjà. Bavardez et laissez votre ami caresser l'animal. Attachez le chien à un arbre et éloignez-vous pour vous cacher dans un coin d'où vous pourrez observer ce qui se passe. Votre ami s'approchera du chien, avec un journal enroulé, tout en faisant attention de laisser une distance de 20 cm (18 po) entre lui et le chien en laisse. Il l'appellera par son nom et lui offrira un morceau de viande vieux de quelques jours. Mais juste au moment où le chien voudra prendre le morceau de viande dans sa gueule, votre assistant devra retirer sa main et donner au chien un coup sec sur le museau et un autre coup sur les pattes avec le journal roulé. Il s'en ira ensuite rapidement. Sortez de votre cachette et dites au chien «non» et quand votre ami le frappera, dites-lui «pfft». Votre ami, en partant, aura laissé tomber le morceau de viande près du chien; ramassez-le, montrez-le-lui et répétez «non, pfft» tout en lançant la viande loin de vous.

À la leçon suivante, votre Beagle ne devra pas connaître votre assistant. Bavardez avec lui devant le chien. Votre ami sortira de sa poche un aliment qui ne sera pas de la viande, cette fois-ci. Comme dans l'exercice précédent, il offrira cet aliment au chien et le frappera de la même façon. Votre ami partira rapidement en faisant du bruit. Retenez votre chien tout en ordonnant «aboie, aboie».

Par la suite, faites-lui répéter l'exercice en le laissant en liberté.

Exercice: ne pas sauter sur votre mobilier

Votre fauteuil favori ou celui d'un des membres de votre famille sera également le fauteuil favori de votre Beagle. La raison en est que ces meubles gardent les odeurs qui lui sont familières, celles de son maître ou celles des autres membres de la famille qui est, en fait, également sa famille. Il est évident qu'il pensera avoir tout à fait le droit de s'y étendre ou de s'y asseoir comme le reste de sa famille!

Comment s'y prendre pour le faire changer d'idée? La solution la plus simple pour lui faire perdre cette mauvaise habitude est de poser sur le fauteuil que votre Beagle préfère un chiffon imprégné d'un liquide spécial que les chiens ne supportent pas. Il sautera sur le fauteuil, reniflera, fera demi-tour et ne recommencera plus jamais.

Vous pouvez aussi tenter de l'éduquer. Dès qu'il sautera sur un fauteuil, ordonnez-lui «viens», comme vous le lui avez enseigné dans les leçons de dressage; il quittera immédiatement son fauteuil et viendra vous rejoindre. Parlez-lui très sévèrement. Après s'être fait gronder plusieurs fois, il ne remontera plus sur votre fauteuil favori... tout au moins en votre présence! Le problème sera évidemment de l'en éloigner définitivement. Vous pouvez aussi utiliser une autre méthode: achetez quelques souricières, placez-les sur «son» fauteuil favori, puis recouvrez-les de quelques feuilles de journal. Dès que votre Beagle sautera sur le fauteuil, une des souricières se fermera avec un bruit sec; effrayé, votre chien sautera du fauteuil; s'il essaie une seconde fois, une autre souricière claquera et votre compagnon aura compris la leçon.

Vous pouvez également le dresser à se rendre au lit quand vous le lui ordonnez: apprenez-lui le mot «lit» en le lui répétant d'une voix sourde et forte et en lui montrant sa couche; faites-le plusieurs fois jusqu'à ce qu'il comprenne. Vous pourrez ainsi toujours l'envoyer se coucher s'il occupe votre place...

Sous-estimation des capacités de votre Beagle

Ayez confiance en votre Beagle et s'il lui est parfois difficile d'accomplir les exercices que vous lui imposez, ne le lui reprochez pas trop, agissez avec discernement; pensez à son amour-propre.

Surestimation des capacités de votre Beagle

Ne poussez pas votre compagnon au-delà de ses limites. En observant attentivement votre Beagle, vous connaîtrez à la fois ses qualités et ses défauts. Si certains exercices lui font horreur, ne le forcez pas à les faire: soyez patient sinon vous pourriez provoquer des crises · nerveuses qu'il vous serait difficile d'éliminer par la suite.

La fin du dressage

Votre Beagle a toutes les qualités requises pour recevoir un bon dressage. En général, les chiens de cette race obéissent facilement aux ordres de leur maître. Ils aiment la discipline et, par la douceur, vous arriverez à en faire un chien dont vous serez fier.

Vous n'aurez pas besoin d'aptitudes particulières pour dresser votre Beagle. Vous serez étonné des progrès et des résultats rapides que vous obtiendrez.

Le Beagle vieillissant

Un jour, vous remarquerez que votre chien n'a plus que peu d'intérêt pour la vie sexuelle; il deviendra moins agressif et, bien que désirant toujours participer à la vie de votre famille, ses réactions seront moins vives: il n'aura plus l'agilité et l'énergie de sa jeunesse. Il tombera plus souvent malade et sera plus sujet aux rhumatismes. Le moment de sa «retraite» est arrivé et vous devrez le garder chez vous et le soigner comme le «vétéran» qu'il est. Le vieux chien ressemble beaucoup à un chiot. Déjà, durant sa vie active, il avait un grand besoin d'affection, et, l'âge aidant, ce besoin d'amour ne fait que s'amplifier. Il deviendra un merveilleux chien de compagnie.

Soyez attentif à sa santé déclinante et n'hésitez pas à vous rendre chez votre vétérinaire pour le faire examiner.

Il n'a plus que vous et votre famille comme environnement et vous aurez à coeur de lui consacrer encore plus de temps et d'attention durant cette période où il en a besoin plus que jamais. Vous continuerez à faire votre promenade avec lui, mais en marchant plus lentement, chaque mouvement lui étant désormais plus pénible. Il deviendra plus possessif envers son entourage: n'y voyez pas un travers mais une preuve d'amour et acceptez qu'il soit parfois irritable: c'est l'âge...

La chaleur de son regard et sa gentillesse vous récompenseront des efforts que vous faites pour rendre ses dernières années aussi agréables que possible. (En général, un Beagle vit environ de 14 à 16 ans.)

Mais arrivera le jour où tous les médicaments seront impuissants à le soulager; il vous faudra alors prendre la grave décision de vous séparer de lui pour toujours. Ne vous en occupez pas vous-même, cela vous briserait le coeur; demandez à votre vétérinaire d'agir. À l'aide d'une injection de Penthotal ou de Nembutal, il fera entrer votre Beagle dans un sommeil profond qui le fera passer au néant sans souffrance. Nous ne pouvons vous conseiller d'assister ou non à l'opération; cela dépendra de votre sensibilité, de votre lien avec le chien, de votre désir de partager avec lui ses derniers instants....

Sa vie sociale

Si vous avez dressé votre Beagle à développer ses qualités de chien de chasse, vous aurez près de vous un animal qui vous rendra les meilleurs services et dont vous pourrez être fier.

Si vous avez décidé d'en faire votre chien de compagnie, vous ferez en sorte de développer ses dons innés. Vous approfondirez les liens qui vous unissent tout en n'oubliant pas que vous êtes le maître, que c'est vous qui décidez de ce qu'il faut faire.

Ces liens seront basés avant tout sur la fidélité. C'est une caractéristique propre à tous les chiens que vous aurez développée en créant entre vous une certaine complicité, ce qui fera de votre Beagle un véritable compagnon attentif.

Vous aurez choisi et favorisé en lui certains traits innés de son caractère; vous remarquerez que votre Beagle n'y verra aucun inconvénient, bien au contraire; il sera heureux que vous soyez satisfait.

Votre Beagle a besoin d'être brossé au moins une fois par semaine et vous aurez à coeur de le faire soigneusement, ce qui consistera pour lui une caresse appréciable dont il vous saura gré. Ne laissez personne s'acquitter de cette tâche à votre place; il faut que ce soit un moment privilégié pour lui comme pour vous; vous vous rapprocherez d'autant plus l'un de l'autre. Vous serez fier de son allure et des regards admiratifs qui se posent sur lui; quant à lui, il se pavanera comme un paon.

Votre relation avec lui sera rendue plus aisée grâce aux caractéristiques que vous aurez pris soin de développer lors du dressage. Le Beagle est un chien qui aime japper naturellement, mais vous l'aurez dressé à être moins bruyant, ce qui facilitera vos rapports avec les autres.

Votre Beagle est très intelligent à moins que vous n'ayez fait le mauvais choix dans la portée, ce qui est peu probable si vous vous faites aider par un conseiller canin. Son intelligence et sa douceur vous feront pardonner une bêtise: vous le gronderez seulement pour le principe.

Attendez-vous à ce que le Beagle ne soit pas toujours fort obéissant, mais vous aurez pris soin, lors du dressage, de bien lui faire comprendre qu'il n'a rien à gagner en essayant d'aller son chemin malgré vos ordres contraires. Il comprendra et refrénera ses désirs de désobéissance.

Son caractère doux et enjoué, son équilibre rendront vos journées agréables.

Si vous avez un certain âge, ou que vous aspiriez à une existence tranquille, votre Beagle saura se montrer calme et vous facilitera la vie par sa bonne humeur constante.

Si au contraire vous aimez faire de l'exercice, vous aurez favorisé chez votre Beagle sa nature de base qui est celle d'un chasseur aimant courir jusqu'à s'essouffler. Si vous aimez marcher ou courir seul ou en groupe, votre

Beagle sera le compagnon idéal. Il deviendra le chef de meute et vous entraînera tous dans des courses dont il sortira bon premier, évidemment!

Le Beagle et les enfants

Le Beagle sera-t-il un bon compagnon pour les enfants? C'est bien la première question que l'on se pose. Et pourquoi ne se poserait-on pas la question inverse? Les enfants sauront-ils se conduire correctement avec lui?

L'enfant ne voit pas de la même façon que l'adulte. Pour un tout jeune enfant, votre Beagle est une boule de poils sur lesquels il peut tirer. Surveillez les tout-petits: ils pourraient en avaler.

Votre Beagle n'ayant pas le poil très long, l'enfant essayera d'attraper ses oreilles; cela est bien tentant, surtout pour un très jeune enfant. Les oreilles du chien sont sensibles, et, avec la meilleure patience du monde, votre compagnon pourrait avoir une réaction inconsidérée; profitez de l'occasion pour apprendre à votre enfant à respecter les animaux; cela lui servira certainement dans la vie!

Apprenez à l'enfant que tirer les poils du chien fait aussi mal à l'animal qu'à lui quand on lui tire les cheveux.

Enseignez-lui également que la queue d'un chien n'est pas un cordon de sonnette sur lequel on peut tirer!

Le Beagle est doux et votre enfant peut prendre cette docilité pour de la faiblesse et une invitation à en abuser. Veillez à ce qu'il ne dépasse pas les limites que le chien peut accepter.

Votre Beagle adore jouer avec les enfants mais, là encore, il ne faut pas qu'il soit brutalisé et, s'il ne l'est pas, il acceptera sans façon les rôles que votre enfant lui assignera et se prêtera fort bien au jeu.

135

Si votre enfant reçoit ses petits amis, votre Beagle s'incorporera à la bande, les suivra docilement et fera partie du groupe sans mordre personne, s'il n'est pas molesté bien sûr.

Si votre enfant aime l'aventure, le Beagle est le compagnon rêvé: les grandes randonnées, les jeux dans la nature, les gambades et... le retour, tout crotté, attendant, un peu inquiet, ce que le père et maître dira... et fera!

Mais que devez-vous faire si la famille doit s'agrandir et que le Beagle est déjà bien installé dans la maison? La vie du chien sera bouleversée quand il s'apercevra qu'il n'a plus la première place dans la maison. Vous serez obligé de lui interdire certaines choses et vous aurez moins de temps pour vous occuper de lui.

Mais ces limitations de liberté et d'attention ne doivent pas coïncider avec la naissance du bébé. Vous devrez y penser avant et ne pas traiter votre chien comme un remplaçant de l'enfant attendu. Sinon votre compagnon croira que l'on cesse de le dorloter parce que le bébé prend sa place et il pourra nourrir envers celui-ci une certaine rancune qu'il serait difficile de faire disparaître.

N'oubliez pas de caresser également votre chien quand vous êtes avec votre bébé; parlez-lui comme avant afin qu'il ne développe pas une jalousie malencontreuse et une rivalité chien-bébé que vous devez éviter.

Ce que l'enfant devra vaincre

Avant tout il devra s'habituer à l'énergie du Beagle; en effet sa nature fait qu'il aime bouger bien qu'il soit capable, après dressage, de rester calme... un certain temps! L'enfant doit apprendre à respecter le chien.

Vous devrez expliquer à l'enfant qu'il ne doit pas

donner au chien des sucreries parce que ce n'est pas bon pour sa santé et que ses dents en souffriraient... comme les siennes s'il mangeait trop de bonbons et de chocolat. Avec un peu de chance, il comprendra et agira en conséquence.

Ce que l'enfant doit accepter

Une des premières choses à faire comprendre à votre enfant est que les oreilles du Beagle sont faites pour écouter et non pas pour être tirées. Il devra accepter également de considérer son chien comme un être vivant respectable et non comme un objet sur lequel il peut se défouler. Il doit être conscient que le Beagle n'a pas à supporter des sévices même s'ils procèdent de l'affection. Il serait bon d'enseigner à l'enfant que le Beagle, aussi aimé qu'il soit, est un chien avant tout et, sans faire naître un complexe de supériorité chez votre petit, faites-lui comprendre qu'il est plus important que son compagnon.

Comment apprendre à un enfant à bien se conduire avec un Beagle

Faire participer l'enfant au dressage est une des meilleures méthodes qui soient. Apprenez-lui les ordres que le Beagle pourra accepter de lui. Ils apprendront ainsi à se respecter mutuellement. L'enfant et le chien ont besoin d'affection et ils peuvent satisfaire ce besoin ensemble en se faisant aider par les parents ou maîtres.

Si vous décidez d'aller faire une promenade avec votre enfant et votre Beagle, profitez-en pour rappeler à votre enfant ce qu'il a appris lors des leçons de dressage du chien afin qu'il ne lui donne pas d'ordres inconsidérés. Enseignez à l'enfant comment user de patience pour se faire obéir.

Vous remarquerez qu'un enfant apprend beaucoup de choses sur lui-même en vivant auprès de son Beagle. Les leçons de dressage ne seront jamais perdues lorsqu'elles sont données par un maître compétent.

Le Beagle et les amis

Vous devrez prévenir vos amis que votre Beagle les accueillera en jappant lorsqu'ils viendront vous rendre visite, mais que cela ne durera pas longtemps: il sera près de vous pour les recevoir et se promènera entre les fauteuils pour écouter la conversation et, semble-t-il, comprendre ce qui se dit tout en donnant son avis d'un mouvement de queue...

Le Beagle et les autres animaux

N'oubliez pas que le Beagle est un chien de chasse et qu'il vaudrait donc mieux que vous n'ayez pas chez vous... un lapin ou un lièvre... Par contre il se liera facilement avec un chat et ils pourraient devenir d'excellents copains. Il ne touchera pas aux oiseaux.

La reproduction

Les loups, vivant entre eux, parviennent à garder leur race pure. Par contre, les chiens et parmi eux le Beagle rencontrent des chiens d'autres races au gré de leurs promenades et doivent être surveillés de près.

Vous devrez contrôler très attentivement les reproducteurs directs et tenir compte de leur généalogie, afin d'être certain d'assurer la perpétuation des caractéristiques anatomiques de la race.

Il a souvent été affirmé qu'un premier accouplement avec un chien bâtard influence les mises bas suivantes et que la chienne mettra à nouveau bas des bâtards même si elle est accouplée par la suite avec un Beagle de pure race. Cette idée n'est pas exacte: aucune base scientifique ne vient prouver cette assertion qui ne tient qu'à des croyances populaires.

Ce qui est vraiment problématique, c'est l'atavisme (l'hérédité éloignée). Il s'agit là d'une question qui est pratiquement impossible à résoudre. En effet, même en choisissant très consciencieusement les reproducteurs, les chiots peuvent présenter des caractéristiques que l'on ne pouvait absolument pas prévoir. Ils peuvent ne pas avoir la même intelligence ni le même caractère que leurs parents sans qu'il soit possible d'en connaître les causes. Il est donc nécessaire de bien connaître les antécédents d'un chien de race avant l'accouplement. On ne doit pas s'en tenir aux caractéristiques des parents mais essayer de remonter quelques générations en arrière. Prenez donc un maximum de précautions tout en sachant que vous pourrez quand même avoir des surprises.

Par ailleurs, méfiez-vous d'une consanguinité excessive qui pourrait donner lieu à des phénomènes de dégénérescence.

En résumé, sachez qu'il serait dommage, sous prétexte qu'elle satisfasse ses instincts naturels, de laisser votre Beagle femelle produire une nouvelle génération dans n'importe quelle condition.

La présentation

La chienne a ses premières chaleurs entre 8 et 12 mois et elle atteint son aspect définitif d'adulte à environ 10 mois. Mais il n'est pas bon de la laisser avoir une portée à cet âge, la consolidation de son squelette n'étant pas terminée. Il vaut donc mieux attendre ses deuxièmes chaleurs ou même ses troisièmes pour la «présenter» à un mâle.

Ses chaleurs reviennent périodiquement, en général tous les six mois. Ces périodes peuvent varier légèrement selon chaque chienne. Lorsque votre chienne sera en chaleur, elle deviendra nerveuse, boira plus que de coutume et perdra l'appétit; ses organes génitaux sécréteront un liquide un rien sanguinolent, à l'odeur très particulière, qui mettra le mâle à l'affût.

Certains Beagles femelles peuvent refuser de s'accoupler au mâle. D'autres auront des préférences et peut-être même des exclusivités pour un certain mâle, que ce soit un chien de race ou un bâtard. Dans ces cas, il faudra faire exciter la chienne par le prétendant qu'*elle* a choisi avec toutes les précautions nécessaires pour éviter une saillie, et lui présenter aussitôt le mâle que *vous* aurez choisi en fonction de ses qualités. En général, la femelle tolère la présence du mâle une dizaine de jours après les premiers symptômes des chaleurs.

L'accouplement devra avoir lieu dans un endroit tranquille, dans l'intimité. Laissez faire la nature si l'accouplement se prolonge, n'essayez pas de les séparer; vous pourriez provoquer une déchirure du vagin.

Dès que votre Beagle femelle est fécondée, ses chaleurs s'arrêtent. Si ses chaleurs devaient durer plus de deux jours après l'accouplement, essayez une deuxième saillie. Il est conseillé, si vous ne désirez pas que votre chienne soit fécondée, de lui administrer un contraceptif afin de supprimer l'ovulation ou d'éviter les chaleurs. Demandez conseil à votre vétérinaire.

La période des chaleurs est assez longue et vous devrez veiller à ce que la femelle ne s'accouple pas avec n'importe quel mâle. Il pourrait y avoir une fécondation supplémentaire et votre chienne vous doterait d'une portée hétérogène si les pères ne sont pas tous de la même race.

Si votre Beagle femelle s'est accouplée avec un mâle «douteux», vous pourrez éviter la fécondation en lui injectant dans le vagin de l'eau vinaigrée (à raison de 25 ml (5 c. à thé) de vinaigre pur par litre (pinte) d'eau).

Le sort peut faire que votre chienne soit totalement indocile: il deviendra alors nécessaire de pratiquer l'insémination artificielle. Il s'agit d'un procédé très simple qui peut être pratiqué par votre vétérinaire. Cette insémination artificielle est, en général, une réussite complète.

La gestation

Si tout s'est déroulé normalement lors de la «présentation», il ne vous reste plus qu'à attendre, en laissant faire la nature. Sauf complications exceptionnelles, la gestation suivra son cours normal. Elle dure chez le Beagle, de 62 à 64 jours, soit environ 9 semaines.

La gestation pourrait s'interrompre entre le 58e et le 65e jour selon l'âge de la mère, son mode de vie, sa santé et le nombre de chiots de sa portée. La maternité est une période particulière dans la vie du Beagle femelle. Les premiers symptômes se manifesteront d'un mois à cinq semaines après l'accouplement. Avant cette période, il est difficile d'établir s'il y a eu fécondation.

Mais si vous observez bien votre chienne, il y a des signes qui ne trompent pas. Elle commencera pas se désintéresser de sa nourriture: elle manquera d'appétit. Elle aura des nausées suivies de vomissements. Son comportement sera instable. La nuit, elle rêvera ou fera des cauchemars qui la feront gémir comme si elle appréhendait quelque chose, comme si elle avait peur. Sa façon d'agir, ses manières se transformeront de façon de plus en plus évidente à mesure que la chienne avancera dans sa grossesse.

Si vous désirez absolument savoir si votre chienne a été fécondée, procédez à un test chimique qui a pour but de vérifier le fonctionnement hormonal, semblable à celui de Friedman sur les lapines. Mais même si le résultat est positif, rien n'est encore certain, car il peut s'agir d'un cas de grossesse nerveuse.

Votre bon sens vous fera comprendre ce que la

chienne doit ou ne doit pas faire pendant son état gravide (gestation). Évitez de la fatiguer et faites cesser tous les exercices violents auxquels elle était habituée. Plus de sauts, plus de courses excessives, mais ne négligez pas les promenades quotidiennes qui maintiendront la chienne en forme sans pour autant la fatiguer ni la surmener. Ces promenades sont essentielles pour votre Beagle femelle.

Au fur et à mesure que les foetus se développeront, la chienne grossira et deviendra paresseuse; elle sera fatiguée et voudra s'étendre de plus en plus souvent. Ne la dérangez pas, laissez-la faire, mais n'oubliez pas ses promenades.

Vous observerez un affaissement de la région lombaire et un développement tout à fait normal des mamelles. Son ventre grossira progressivement. Votre chienne aura besoin de votre affection, de votre attention et de votre compréhension; soyez patient avec elle et fermez les yeux si elle est désobéissante. Pas de sévérité mais de la gentillesse, et, surtout, ne la laissez pas trop souvent seule: elle a besoin de se sentir entourée «des siens». Veillez avec encore plus d'attention et de soin à sa propreté. Prenez garde aux parasites comme les poux, par exemple. Pendant l'hiver, sortez-la le moins possible et protégez-la au maximum, à l'intérieur de la maison, du froid et de l'humidité.

Occupez-vous d'elle mais dans les limites du raisonnable; il ne faut pas en faire une chienne de salon alors qu'elle peut très bien surmonter certaines difficultés. N'oubliez pas que la nature a fourni à votre chienne tous les moyens pour mener sa gestation à terme sans grandes préoccupations. Soyez présent, mais ne soyez pas trop faible avec elle; aidez-la, mais laissez faire la nature.

Pendant la grossesse, il faudra faire très attention à

son alimentation. Les aliments devront être plus riches afin de compenser l'accroissement de ses besoins. Augmentez le nombre de ses repas tout en réduisant leurs quantités. Les deux repas traditionnels que l'on donne normalement à un Beagle ne sont pas de mise pendant la gestation. Un repas trop lourd pourrait peser sur ses flancs qui sont déjà alourdis par le gonflement des mamelles et par la présence des futurs chiots. Augmentez la quantité de lait jusqu'à un litre (une pinte) par jour. Donnez-lui du lait entier. Son régime devra être composé de riz, de légumes verts et de viande fraîche; ajoutez, une fois par semaine, un oeuf entier et deux jaunes d'oeuf. Trois à quatre repas quotidiens remplaceront donc les deux repas habituels. Vous les compléterez avec de la farine lactée, de la poudre d'os, du calcium et du phosphore.

Vous devrez faire attention à ce que l'eau de son écuelle soit changée souvent et soit toujours propre. Cette eau ne devra jamais être trop froide ni trop chaude; la chienne appréciera l'eau propre et tiède.

Vous pouvez provoquer des difficultés lors de la mise bas si vous lui donnez une alimentation trop grasse et trop copieuse. Ajoutez au régime de votre chienne des substances pour fortifier les os des chiots et raffermir ceux de la mère. Si votre Beagle montre un manque d'appétit persistant, adressez-vous sans tarder à votre vétérinaire; il vous indiquera ce qu'il y a lieu de faire.

Vous remarquerez, au fur et à mesure de l'évolution de sa gestation, que votre chienne ne voudra plus être dérangée par des inconnus ou d'autres chiens.

Une quinzaine de jours avant la fin de la gestation, vous devrez trouver un endroit où elle mettra bas. Préparez-lui sa couche. N'attendez pas trop; habituez la chienne à sa nouvelle demeure. Elle n'en cherchera pas une autre, si vous vous y prenez à temps. Habituez-la à y prendre ses repas; qu'elle s'y repose le jour et la nuit. Veillez à ce que cet endroit soit tranquille, pas trop clair. La couche doit être légèrement surélevée afin de faciliter l'écoulement des liquides. Un simple panier à chien fera fort bien l'affaire.

Emmenez votre chienne plusieurs fois chez le vétérinaire de manière à faire vérifier son poids, son état de santé et ses besoins en vitamine et en calcium.

La naissance

À la fin de la grossesse, les mamelles gonflées de votre chienne sécréteront un liquide semblable à du lait, le *colostrum*. Elle deviendra inquiète et préférera rester seule. La tranquillité et le silence lui seront nécessaires et bénéfiques. Les visites d'amis devront être évitées et la «future maman» ne devra pas s'apercevoir de votre surveillance. Ne vous approchez pas trop d'elle.

Surveillez le déroulement de l'opération et, en cas de complications, n'hésitez pas à appeler immédiatement votre vétérinaire. Lui seul a les compétences pour y apporter les solutions appropriées.

La première mise bas est, en général, plus délicate que les suivantes. Il arrive parfois, et surtout la première fois, que votre chienne oublie ou néglige de couper le cordon ombilical avec ses dents. Vous devrez alors intervenir en le coupant avec des ciseaux, le plus près possible du ventre, après l'avoir lié avec un fil de soie pour éviter que le chiot ne soit victime d'une hémorragie.

Comme vous avez pu le constater, votre présence est nécessaire pendant la mise bas de la chienne, même si vous laissez faire la nature. Ne l'énervez surtout pas et ne la dérangez uniquement qu'en cas de besoin réel.

Lorsqu'elle aura mis bas, laissez votre chienne se reposer et faire la toilette complète des chiots. En hiver, pensez à chauffer «son coin» afin qu'il soit bien confortable pour elle et les nouveau-nés. Laissez-la se reposer une journée auprès de ses petits, puis faites-lui reprendre progressivement son rythme de vie antérieur. Commencez par lui faire faire une promenade afin qu'elle fasse travailler ses muscles.

Les chiots

Lors de la première mise bas, la portée est de six à huit chiots. À la première mise bas, la mère ne pourra s'occuper que de trois chiots. Éloignez définitivement de la mère les chiots les moins bien formés et ceux qui ont l'air apathiques. Ce sacrifice, bien que très difficile, est absolument nécessaire pour la santé de la mère et pour la qualité de la portée. Les grossesses suivantes vous permettront peut-être de garder toute la portée. Mais là encore, ne gardez pas les chiots manifestement mal formés; éliminez-les immédiatement.

Pratiquer l'euthanasie vous sera probablement pénible: demandez plutôt à votre vétérinaire de s'en occuper. La meilleure façon demeure l'injection d'un anesthésique très puissant; ainsi l'intervention sera rapide et indolore. Ne choisissez pas la noyade, il s'agit là d'une méthode cruelle et sauvage.

Vous devrez retirer les chiots sacrifiés pendant que la mère fera sa promenade.

La chienne s'occupera elle-même de ses petits, mais soyez toujours aux aguets pour être prêt à intervenir pour l'aider, surtout s'il s'agit d'une première portée.

L'allaitement

Les chiots trouveront d'instinct les mamelles sous le ventre de leur mère: elles sont très saillantes. Seul le lait maternel convient aux besoins nutritifs des bébés chiens. Le colostrum purgera les chiots et sera le moyen pour la chienne de leur transmettre ses anticorps naturels et ainsi de les protéger contre les maladies des «premiers jours».

Ce colostrum est indispensable aux chiots: les statistiques démontrent qu'environ 85 p. 100 des nouveau-nés qui n'ont pas pour une raison quelconque reçu de colostrum meurent rapidement.

Il se pourrait que la chienne soit intolérante avec ses petits, ce qui pourrait gêner leur croissance. Dans ce cas, consultez votre vétérinaire qui prescrira de légers calmants, cette intolérance étant due à une hypernervosité. Si l'intolérance se transforme en aversion déclarée, vous devrez alimenter les chiots artificiellement. Ce n'est que dans ce cas, ou dans celui, bien sûr, d'une mauvaise lactation, que vous pouvez alimenter les chiots. Ce n'est pas facile et rien ne dit que vous y parviendrez. Vous devrez préparer un lait ressemblant au lait maternel, sinon les bébés, désorientés, le refuseront. Le poids du petit double normalement en moins de 10 jours, preuve de la richesse du lait maternel. Faites-vous conseiller par votre vétérinaire. Il vous indiquera peut-être une préparation que vous trouverez toute faite sur le marché ou qu'il composera lui-même. Quoi qu'il décide, suivez ses directives.

Le sevrage

La période de sevrage se déroule progressivement. Elle correspond à peu près à la fin de l'allaitement qui devient de plus en plus douloureux parce que les bébés commencent à avoir leurs dents de lait. La mère devient impatiente quand les petits viennent se nourrir. Elle commence à les éduquer elle-même en leur présentant sa propre nourriture que les chiots essaient de laper.

Cette période est psychiquement difficile pour les chiots: ils commencent le dur apprentissage de la séparation de la mère. Ce passage à la vie adulte devra se faire dans les meilleures conditions possibles. Le sevrage complet se fait à l'âge de deux mois et demi à trois mois. Trouvez le moyen de séparer les chiots de la mère une partie de la journée afin que leur instinct de téter diminue. Si les petits rencontrent la mère seulement aux repas, cela leur permettra de prendre des habitudes bien réglées.

Offrez aux chiots des jouets non toxiques pour qu'ils puissent mordre dedans. Commencez par leur donner de la viande hachée afin qu'ils s'habituent à manger des aliments solides. Ne leur donnez surtout pas du lait de vache. Les petits Beagles ont tendance à se gaver; vous leur éviterez ainsi des ennuis gastriques.

N'oubliez pas de bien les garder au chaud. Il ne faudrait surtout pas qu'ils prennent froid; évitez de les placer ou de les laisser dans les courants d'air.

Le pense-bête

Si vous aimez marcher ou courir, seul ou en groupe, votre Beagle sera le compagnon idéal.

Le carnet de santé

Il est indispensable de tenir à jour le carnet de santé de votre Beagle. Ce carnet est généralement remis par votre vétérinaire. Que devez-vous y inscrire? Les dates importantes de la vie de votre Beagle:

- la date de naissance de votre Beaglo et celle de ses parento;
- la date des vaccinations;
- la date des rappels;
- la date des maladies (ainsi que le nom des médicaments qu'il a reçus);
- la date du dressage;
- la date des saillies, des mises bas, de l'allaitement.

Le Beagle est incontestablement un chien de chasse. Il poursuivra sans fatigue le petit et le gros gibier.

La boîte
de médicaments

Il est très important d'avoir toujours sous la main une boîte de médicaments que vous devrez toujours garder bien fermée. N'oubliez pas de l'emporter avec vous lorsque vous emmenez votre chien en voyage.

Cette boîte de médicaments devrait contenir:
- un thermomètre anal et un lubrifiant;
- du sparadrap et de la gaze pour les bandages;
- un médicament contre les brûlures qui vous aura été prescrit par votre vétérinaire;
- de l'acide borique ou du collyre pour les bains oculaires;
- du kaopectate contre la diarrhée;
- des sels d'ammoniaque pour le traitement des chocs;
- de la poudre de moutarde ou du sel de table comme émétique;
- du charbon de bois actif comme contrepoison (mais, le cas échéant, appelez aussitôt que possible un vétérinaire);

- un laxatif assez léger comme le lait de magnésie.

Le voyage

Vous planifiez un voyage et vous voilà en train de discuter avec vos proches au sujet des difficultés liées à la présence de votre Beagle. Vous vous trouvez devant plusieurs possibilités: le premier choix serait de le laisser sur place et vous auriez alors à décider entre le laisser à la maison, chez des amis ou le mettre en pension; le deuxième choix serait de l'emmener avec vous et vous auriez à décider du moyen de transport: en voiture, en train, en autobus, en bateau ou en avion.

Quelle que soit votre décision, sachez qu'il est préférable de le laisser à la maison sous la garde d'amis: nous vous rappelons qu'il vaut mieux que ce soient des gens qu'il connaît parfaitement. Si vous décidez de le mettre en pension, il vaut mieux que ce ne soit que pour quelques jours.

Vous le laissez à la maison

La personne qui viendra s'occuper de votre Beagle

devra être quelqu'un que votre compagnon connaît bien. Elle devra, évidemment, dormir chez vous. Mais il ne faudra pas s'étonner que votre chien, se croyant abandonné par son maître, montre sa mauvaise humeur en se soulageant un peu partout dans la maison au lieu de faire ses besoins là où il en a l'habitude. Vous devrez prendre cette décision en tenant compte du caractère de l'animal et de ses relations avec la personne qui viendra s'en occuper.

Vous le laissez chez des amis

Dans ce cas également, il faudra que l'animal connaisse bien les personnes qui vont l'héberger. Vous devrez apporter dans sa demeure provisoire des objets ayant gardé vos odeurs qui lui sont familières, ainsi que ses jouets préférés. Il serait bon de l'y emmener «en visite» plusieurs fois avant de l'y laisser. Quoi qu'il en soit, que vous le laissiez à la maison ou que vous le laissiez chez des amis, il est recommandé que ce ne soit pas pour une trop longue période: votre Beagle vous en voudrait. Prévenez vos amis que le chien pourrait faire ses besoins un peu partout pour montrer qu'il n'aime pas être éloigné de son maître.

Vous le mettez en pension

Visitez plusieurs pensions avant de prendre une décision. Assurez-vous que les animaux n'y soient pas trop nombreux. Visitez les locaux afin de vérifier s'ils sont propres. Observez le travail du personnel. Contrôlez la qualité de la nourriture. Le prix est également à considérer, mais vous devez tenir compte du fait que ce ne sont pas toujours les pensions les plus coûteuses qui sont les meilleures. Renseignez-vous auprès de la direction pour savoir si des visites d'un vétérinaire sont prévues. Demandez à des amis qui ont aussi des chiens quelles ont été leurs bonnes et mauvaises expériences.

Avant de vous décider, consultez, en dernier ressort, votre vétérinaire attitré; d'ailleurs, s'il habite hors de la ville, il pourrait peut-être vous proposer d'héberger votre Beagle. Vous aurez à présenter le carnet de vaccination qui devra être à jour et cela dans quelque pension que ce soit. Pour votre tranquillité, faites passer un examen général à votre animal chez votre vétérinaire avant de le mettre en pension. Assurez-le et, s'il ne l'est pas déjà, faites-le tatouer: il pourra ainsi toujours être identifié s'il s'échappe ou se perd.

Vous l'emmenez avec vous

C'est décidé, il vous accompagne. Vous voyagerez en voiture, en train, en autobus, en bateau ou en avion.

En voiture

Votre Beagle devra voyager à l'arrière de la voiture et être isolé par un filet ou un grillage.

Ne l'enfermez jamais dans le coffre de la voiture, il en souffrirait, autant physiquement que moralement. Si vous emmenez un chiot, il se pourrait qu'il soit sujet à des vomissements. Ne le laissez pas voyager le ventre plein; faites en sorte qu'il ait bien digéré au moment du départ. Il est également préférable de ne pas lui donner à boire avant de partir.

Si votre animal est sujet au mal de voiture, vous pouvez lui donner un médicament une demi-heure avant le départ. Consultez votre vétérinaire.

Les chiens aiment passer la tête par la vitre; ne les laissez pas faire: ils risquent une conjonctivite.

Vous devrez vous arrêter souvent pour qu'il puisse faire ses besoins et se «dégourdir» les pattes. Arrêtez-vous à l'écart de la route afin qu'il puisse courir sans danger.

Si vous laissez votre Beagle dans la voiture, stationnez-la à l'ombre et laissez les vitres entrouvertes.

En train

Votre Beagle n'a pas le droit de vous accompagner dans votre compartiment. Il devra voyager dans la voiture à bagages. Vous devrez le mettre dans une cage ou, du moins, lui mettre une muselière et une laisse. Vous aurez un coupon spécial qui vous permettra, à tout moment, de lui rendre visite et de le nourrir. La compagnie de chemin de fer met à la disposition des animaux le nécessaire afin qu'ils puissent faire leurs besoins.

En autobus

Avant de partir en voyage, renseignez-vous bien pour savoir si la compagnie de transport accepte les chiens et dans quelles conditions. Insistez, pour ne pas avoir de mauvaises surprises lors du départ, sur le poids et la taille de votre compagnon.

En bateau

Mêmes dispositions qu'en autobus. Ayez toujours sur vous un certificat de bonne santé de votre animal. Il est préférable que ce certificat soit récent.

En avion

Pratiquement toutes les compagnies aériennes acceptent de transporter les animaux domestiques. Prenez-vous-y à temps, les places sont limitées. Les chiots peuvent parfois voyager en cabine avec leur maître, mais cela n'est pas une règle générale: renseignez-vous avant de partir. Généralement, le Beagle doit voyager dans la soute de l'avion. Ne vous inquiétez pas, la soute est climatisée et pressurisée. Demandez à votre vétérinaire un cachet que vous administrerez au chien juste avant le départ afin qu'il reste calme et somnolent. Certains vétérinaires préfèrent donner une piqûre dont l'effet dure plus longtemps. Il est conseillé de libérer rapidement votre animal de la consigne à l'arrivée; son voyage n'aura pas été aussi confortable que le vôtre...

Les déplacements en ville

Dans le métro, à Montréal, vous n'êtes pas autorisé à voyager avec votre Beagle; seuls les aveugles y sont autorisés. Dans les autobus, les règlements sont plus souples: il est permis de voyager avec un chiot que vous pouvez tenir sur vos genoux; mais seuls les aveugles ont la permission d'être accompagnés d'un chien adulte dans l'autobus.

Il n'existe pas de règlement spécifique à Montréal en ce qui concerne la prise en charge des chiens dans les taxis. La plupart des chauffeurs les acceptent... sauf ceux qui en ont peur!

À l'étranger

Les lois concernant le passage des frontières pour

les animaux dépendent de la législation de chaque pays. Soyez en règle, sinon on pourrait vous en refuser l'accès.

Avant de partir, renseignez-vous auprès du consulat du pays où vous désirez vous rendre ou munissez-vous des brochures disponibles dans les agences de voyages. Plusieurs pays, et plus particulièrement ceux appartenant au Commonwealth britannique, vous obligeront à mettre votre Beagle, dès l'arrivée, en quarantaine; d'autres pays vous demanderont de présenter un certificat de vaccination antirabique ou de bonne santé, ou les deux.

Quelques exemples: les *États-Unis* ne vous demandent qu'un certificat de vaccination antirabique délivré plus de 30 jours et moins d'un an avant votre passage de la frontière; ils peuvent également imposer une visite sanitaire au port d'arrivée. Pour la *Grande-Bretagne*, les instructions sont sévères: le Beagle doit être accompagné d'un certificat de vaccination antirabique et d'un certificat de bonne santé et il sera mis en quarantaine pendant six mois. Il en est de même pour l'*Afrique du Sud*, *Gibraltar* et *Hong Kong*. L'*Australie* refuse toute entrée d'un animal domestique. Pour la *France* et la *Belgique*, seul le certificat de vaccination antirabique est demandé. En *Italie*, les deux certificats sont exigés comme d'ailleurs en *Israël*, en *Argentine*, au *Brésil*, au *Danemark*, en *Égypte*, en *Espagne*, en *Grèce*, en *Hongrie*, au *Mexique* et en *Tunisie*. En *Allemagne fédérale*, on ne demande que le certificat de bonne santé.

Votre Beagle voyage seul

Vous avez seulement à présenter votre chien un bon moment avant le départ et surtout à être certain que la personne qui doit accueillir votre compagnon soit présente à l'arrivée. À toutes fins utiles, donnez l'adresse et le numéro de téléphone de cette personne au transporteur.

Pour être équilibré, votre Beagle a besoin d'être bien dressé.

Petit lexique d'urgence

Il se pourrait que vous vous trouviez dans un pays non francophone et que vous ayez à demander des renseignements au sujet de votre compagnon. Voici quelques phrases indispensables:

Où habite le vétérinaire le plus proche?

Anglais: Do you know where I can find a vet for my dog?

Espagnol: ¿Dónde vive el veterinario más próximo?

Italien: Dove abita il veterinario piu vicino?

Allemand: Wo kann ich schnelisten einen Tierartz finden?

Où se trouve la clinique vétérinaire la plus proche? C'est urgent.

Anglais: Where's the nearest veterinary surgery? It's an emergency.

Espagnol: ¿Dónde hay une clínica para los animales más próximas de aquí? Es muy urgente.

Italien: Dove si trova la clinica veterinaria piu vicina? E urgente.

Allemand: Wo finde ich die nächste Tierarztklinik? Es ist dringlich.

Y a-t-il une permanence vétérinaire la nuit? Le dimanche?

Anglais: Is the veterinary surgery open all night and on Sundays?

Espagnol: ¿Es abierta permanentemente la clínica durante la noche y los domingos?

Italien: La domenica, c'e une permanenza veterinaria di notte?

Allemand: Gibt es dort einen Nachtdienst, und einen Sonntagsdienst?

Cet hôtel, ce restaurant accepte-t-il les chiens? Y a-t-il des repas prévus pour eux?

Anglais: May I stay in this hotel, in this restaurant,

164

with my dog? Do you feed dogs in this hotel? In this restaurant?

Espagnol: ¿Están autorizados los perros en este hotél o en este restaurante? ¿Hay comidas previstas para ellos?

Italien: Questo hotel, questo ristorante, accetta i cani? Sono previsti del pasti anche per loro?

Allemand: Sind Hunde in diesem Hotel, in diesem Restaurant erlaubt, Werden die Hunde auch dort gefuttert?

J'ai égaré mon chien. Où puis-je m'adresser pour le retrouver?

Anglais: I lost my dog. Where should I call to get him back?

Espagnol: He perdido mi perro. ¿Dónde puedo dirigirme para encontrario?

Italien: Ho perso il mio cane. Dove posso rivolgermi?

Allemand: Ich habe meinem Hund verloren. Wo soll ich mich melden um ihn wiederzufinden?

Attention à mon chien, il n'aime pas qu'on le caresse

Anglais: Beware of my dog, he doesn't like being petted.

Espagnol: ¡Atención! Tenga cuidado con mi perro no quiere que nadie le acaricie.

Italien: Attenzione al mio cane, non ama essere accarezzato.

Allemand: Passen sie auf! Mein Hund mag es nicht wenn man ihn streichelt.

Vendez-vous des aliments pour chien? Où puis-je en trouver?

Anglais: Do you sell pet food? Where can I find some pet food?

Espagnol: ¿Tiene usted alimentos para perros en su tienda? ¿Dónde se pueden hallar esos alimentos?

Italien: Vendete gli alimenti per cani? Dove posso trovarne?

Allemand: Führen Sie auch Futtermittel für Hunde, und wenn nicht, wo kann ich welche bekommen?

Table des matières

À PARAÎTRE:

Vous et votre Braque Allemand
Vous et votre serpent

DÉJÀ PARUS:

Vous et vos oiseaux de compagnie
Vous et vos poissons d'aquarium
Vous et votre Berger allemand
Vous et votre Caniche
Vous et votre chat de gouttière
Vous et votre Chow-chow
Vous et votre Husky
Vous et votre Labrador
Vous et votre Boxer
Vous et votre Doberman
Vous et votre Persan
Vous et votre Setter anglais
Vous et votre Siamois
Vous et votre Yorkshire
Vous et votre Fox-terrier
Vous et votre Schnauzer
Vous et votre Collie
Vous et votre petit rongeur
Vous et votre Dalmatien
Vous et votre Teckel
Vous et votre Tigré
Vous et votre Cocker américain

Ouvrages parus chez les éditeurs du groupe Sogides

* Pour l'Amérique du Nord seulement
** Pour l'Europe seulement
Sans * pour l'Europe et l'Amérique du Nord

═══ANIMAUX═══

Art du dressage, L', Chartier Gilles
Bien nourrir son chat, D'Orangeville Christianz
Cheval, Le, Leblanc Michol
Chien dans votre vie, Le, Swan Marguerite
Éducation du chien de 0 à 6 mois, L', DeBuyser Dr Colette et Dr Dehasse Joël
Encyclopédie des oiseaux, Godfrey W. Earl
Guide de l'oiseau de compagnie, Le, Dr R. Dean Axelson
Mammifère de mon pays,, Duchesnay St-Denis J. et Dumais Rolland
Mon chat, le soigner, le guérir, D'Orangeville Christian
Observations sur les mammifères, Provencher Paul
Papillons du Québec, Les, Veilleux Christian et PrévostBernard
Petite ferme, T.1,
Les animaux, Trait Jean-Claude

Vous et vos petits rongeurs, Eylat Martin
Vous et vos poissons d'aquarium, Ganiel Sonia
Vous et votre berger allemand, Eylat Martin
Vous et votre boxer, Herriot Sylvain
Vous et votre caniche, Shira Sav
Vous et votre chat de gouttière, Gadi Sol
Vous et votre chow-chow, Pierre Boistel
Vous et votre collie, Ethier Léon
Vous et votre doberman, Denis Paula
Vous et votre fox-terrier, Eylat Martin
Vous et votre husky, Eylat Marti
Vous et vos oiseaux de compagnie, Huard-Viau Jacqueline
Vous et votre schnauzer, Eylat Martin
Vous et votre setter anglais, Eylat Martin
Vous et votre siamois, Eylat Odette
Vous et votre teckel, Boistel Pierre
Vous et votre yorkshire, Larochelle Sandra

═══ARTISANAT/ARTS MÉNAGER═══

Appareils électro-ménagers, Prentice-Hall du Canada
Art du pliage du papier, Harbin Robert
Artisanat québécois, T.1, Simard Cyril

Artisanat québécois, T.2, Simard Cyril
Artisanat québécois, T.3, Simard Cyril
Artisanat québécois, T.4, Simard Cyril, Bouchard Jean-Louis

ART CULINAIRE

2

BIOGRAPHIES POPULAIRES

Daniel Johnson, T.1, Godin Pierre
Daniel Johnson, T.2, Godin Pierre
Daniel Johnson - Coffret, Godin Pierre
Dans la fosse aux lions, Chrétien Jean
Dans la tempête, Lachance Micheline
Duplessis, T.1 - L'ascension, Black Conrad
Duplessis, T.2 - Le pouvoir, Black Conrad
Duplessis - Coffret, Black Conrad
Dynastie des Bronfman, La, Newman Peter C.

Establishment canadien, L', Newman Peter C.
* Maître de l'orchestre, Le, Nicholson Georges
Maurice Richard, Pellerin Jean
Mulroney, Macdonald L.I.
Nouveaux Riches, Les, Newman Peter C.
Prince de l'Église, Le, Lachance Micheline
Saga des Molson, La, Woods Shirley
* Une femme au sommet - Son excellence Jeanne Sauvé, Woods Shirley E.

DIÉTÉTIQUE

Combler ses besoins en calcium, Hunter Denyse
Contrôlez votre poids, Ostiguy Dr Jean-Paul
Cuisine sage, Lambert-Lagacé Louise
Diète rotation, La, Katahn Dr Martin
Diététique dans la vie quotidienne, Lambert-Lagacé Louise
Livre des vitamines, Le, Mervyn Leonard
Maigrir en santé, Hunter Denyse
Menu de santé, Lambert-Lagacé Louise
Oubliez vos allergies, et... bon appétit, Association de l'information sur les allergies

Petite & grande cuisine végétarienne, Bédard Manon
* Plan d'attaque Weight Watchers, Le, Nidetch Jean
Plan d'attaque plus Weight Watchers, Le, Nidetch Jean
Recettes pour aider à maigrir, Ostiguy Dr Jean-Paul
* Régimes pour maigrir, Beaudoin Marie-Josée
Sage bouffe de 2 à 6 ans, La, Lambert-Lagacé Louise
Weight Watchers - cuisine rapide et savoureuse, Weight Watchers
Weight Watchers-Agenda 85 -Français, Weight Watchers
Weight Watchers-Agenda 85 -Anglais, Weight Watchers

DIVERS

Acheter ou vendre sa maison, Brisebois Lucille
Acheter et vendre sa maison ou son condominium, Brisebois Lucille
Acheter une franchise, Levasseur Pierre
Bourse, La, Brown Mark
Chaînes stéréophoniques, Les, Poirier Gilles
Choix de carrières, T.1, Milot Guy
Choix de carrières, T.2, Milot Guy
Choix de carrières, T.3, Milot Guy
 Comment rédiger son curriculum vitae, Brazeau Julie
Comprendre le marketing, Levasseur Pierre
Conseils aux inventeurs, Robic Raymond
Devenir exportateur, Levasseur Pierre
Dictionnaire économique et financier, Lafond Eugène
Faire son testament soi-même, Me Poirier Gérald, Lescault Nadeau Martine (notaire)
Faites fructifier votre argent, Zimmer Henri B.
Finances, Les, Hutzler Laurie H.
Gérer ses ressources humaines, Levasseur Pierre
Gestionnaire, Le, Colwell Marian
Guide de la haute-fidélité, Le, Prin Michel
Je cherche un emploi, Brazeau Julie
Lancer son entreprise, Levasseur Pierre
Leadership, Le, Cribbin, James J.

Livre de l'étiquette, Le, Du Coffre Marguerite
* Loi et vos droits, La, Marchand Me Paul-Émile
Meeting, Le, Holland Gary
Mémo, Le, Reimold Cheryl
Notre mariage (étiquette et planification), Du Coffre, Marguerite
Patron, Le, Reimold Cheryl
Relations publiques, Les, Doin Richard, Lamarre Daniel
* Règles d'or de la vente, Les, Kahn George N.
* Roulez sans vous faire rouler, T.3, Edmonston Philippe
Savoir vivre aujourd'hui, Fortin Jacques Marcelle
Séjour dans les auberges du Québec, Cazelais Normand et Coulon Jacques
Stratégies de placements, Nadeau Nicole
Temps des fêtes au Québec, Le, Montpetit Raymond
Tenir maison, Gaudet-Smet Françoise
* Tout ce que vous devez savoir sur le condominium, Dubois Robert
Univers de l'astronomie, L', Tocquet Robert
Vente, La, Hopkins Tom
* Votre argent, Dubois Robert
Votre système vidéo, Boisvert Michel et Lafrance André A.
* Week-end à New York, Tavernier-Cartier Lise

3

ENFANCE

ÉSOTÉRISME

HISTOIRE

INFORMATIQUE

PHOTOGRAPHIE (ÉQUIPEMENT ET TECHNIQUE)

Apprenez la photographie avec Antoine Desilets, Desilets Antoine

Chasse photographique, Coiteux Louis

8/Super 8/16, Lafrance André

Initiation à la Photographie, London Barbara

Initiation à la Photographie-Canon, London Barbara

Initiation à la Photographie-Minolta, London Barbara

Initiation à la Photographie-Nikon, London Barbara

Initiation à la Photographie-Olympus, London Barbara

Initiation à la Photographie-Pentax, London Barbara

* Je développe mes photos, Desilets Antoine

* Je prends des photos, Desilets Antoine

* Photo à la portée de tous, Desilets Antoine

Photo guide, Desilets Antoine

PSYCHOLOGIE

Âge démasqué, L', De Ravinel Hubert

Aider mon patron à m'aider, Houde Eugène

Amour de l'exigence à la préférence, Auger Lucien

Au-delà de l'intelligence humaine, Pouliot Élise

Auto-développement, L', Garneau Jean

Bonheur au travail, Le, Houde Eugène

Bonheur possible, Le, Blondin Robert

Chimie de l'amour, La, Liebowitz Michael

Coeur à l'ouvrage, Le, Lefebvre Gérald

Coffret psychologie moderne Colère, La, Tavris Carol

Comment animer un groupe, Office Catéchèsse

Comment avoir des enfants heureux, Azerrad Jacob

Comment déborder d'énergie, Simard Jean-Paul

Comment vaincre la gêne, Catta Rene-Salvator

Communication dans le couple, La, Granger Luc

Communication et épanouissement personnel, Auger Lucien

Comprendre la névrose et aider les névrosés, Ellis Albert

Contact, Zunin Nathalie

Courage de vivre, Le, Klev Docteur A.

Courage et discipline au travail, Houde Eugène

Dynamique des groupes, Aubry J.-M. et Saint-Arnaud Y.

Élever des enfants sans perdre la boule, Auger Lucien

Émotivité et efficacité au travail, Houde Eugène

Enfant paraît... et le couple demeure, L', Dorman Marsha et Klein Diane

Enfants de l'autre, Les, Paris Erna

Être soi-même, Corkille Briggs D.

Facteur chance, Le, Gunther Max

Fantasmes créateurs, Les, Singer Jérôme

Infidélité, L', Leigh Wendy

Intuition, L', Goldberg Philip

J'aime, Saint-Arnaud Yves

Journal intime intensif, Progoff Ira

Miracle de l'amour, Un, Kaufman Barry Neil

* Mise en forme psychologique, Corrière Richard

* Parle-moi... J'ai des choses à te dire, Salome Jacques

Penser heureux, Auger Lucien

* Personne humaine, La, Saint-Arnaud Yves

* Plaisirs du stress, Les, Hanson Dr Peter G.

* Première impression, La, Kleinke Chris, L.

Prévenir et surmonter la déprime, Auger Lucien

* Prévoir les belles années de la retraite, D. Gordon Michael

* Psychologie dans la vie quotidienne, Blank Dr Léonard

* Psychologie de l'amour romantique, Braden Docteur N.

* Qui es-tu grand-mère? Et toi grand-père? Eylat Odette

* S'affirmer et communiquer, Beaudry Madeleine

* S'aider soi-même, Auger Lucien

* S'aider soi-même d'avantage, Auger Lucien

* S'aimer pour la vie, Wanderer Dr Zev

* Savoir organiser, savoir décider, Lefebvre Gérald

* Savoir relaxer et combattre le stress, Jacobson Dr Edmund

* Se changer, Mahoney Michael

* Se comprendre soi-même par des tests, Collectif

* Se concentrer pour être heureux, Simard Jean-Paul

* Se connaître soi-même, Artaud Gérard

* Se contrôler par le biofeedback, Ligonde Paultre

* Se créer par la Gestalt, Zinker Joseph

* S'entraider, Limoges Jacques

* Se guérir de la sottise, Auger Lucien

Séparation du couple, La, Weiss Robert S.

Sexualité au bureau, La, Horn Patrice

Syndrome prémenstruel, Le, Shreeve Dr Caroline

* Vaincre ses peurs, Auger Lucien

Vivre à deux: plaisir ou cauchemar, Duval Jean-Marie

* Vivre avec sa tête ou avec son coeur, Auger Lucien

Vivre c'est vendre, Chaput Jean-Marc

* Vivre jeune, Waldo Myra

Vouloir c'est pouvoir, Hull Raymond

5

JARDINAGE

Culture des fleurs, des fruits, Prentice-Hall du Canada
Encyclopédie du jardinier, Perron W.H.
Guide complet du jardinage, Wilson Charles
J'aime les violettes africaines, Davidson Robert

Petite ferme, T. 2 - Jardin potager, Trait Jean-Claude
Plantes d'intérieur, Les, Pouliot Paul
Techniques du jardinage, Les, Pouliot Paul
* **Terrariums, Les,** Kayatta Ken

JEUX/DIVERTISSEMENTS

Améliorons notre bridge, Durand Charles
* **Bridge, Le,** Beaulieu Viviane
Clés du scrabble, Les, Sigal Pierre A.
Collectionner les timbres, Taschereau Yves
* **Dictionnaire des mots croisés, noms communs,** Lasnier Paul
* **Dictionnaire des mots croisés, noms propres,** Piquette Robert

* **Dictionnaire raisonné des mots croisés,** Charron Jacqueline
Finales aux échecs, Les, Santoy Claude
Jeux de société, Stanké Louis
* **Jouons ensemble,** Provost Pierre
Livre des patiences, Le, Bezanovska M. et Kitchevats P.
* **Ouverture aux échecs,** Coudari Camille
Scrabble, Le, Gallez Daniel
Techniques du billard, Morin Pierre

LINGUISTIQUE

* **Anglais par la méthode choc, L',** Morgan Jean-Louis
* **J'apprends l'anglais,** Silicani Gino

Petit dictionnaire du joual, Turenne Auguste
Secrétaire bilingue, La, Lebel Wilfrid

LIVRES PRATIQUES

Bonnes idées de maman Lapointe, Les, Lapointe Lucette
Chasse-taches, Le, Cassimatis Jack
* **Maîtriser son doigté sur un clavier,** Lemire Jean-Paul

* **Se protéger contre le vol,** Kabundi Marcel et Normandeau André
Temps c'est de l'argent, Le, Davenport Rita

MUSIQUE ET CINÉMA

* **Guitare, La,** Collins Peter
Piano sans professeur, Le, Evans Roger

Wolfgang Amadeus Mozart raconté en 50 chefs-d'oeuvr Roussel Paul

NOTRE TRADITION

Coffret notre tradition Écoles de rang au Québec, Les, Dorion Jacques
Encyclopédie du Québec, T.1, Landry Louis
Encyclopédie du Québec, T.2, Landry Louis
Histoire de la chanson québécoise, L'Herbier Benoît
Maison traditionnelle, La, Lessard Micheline

Moulins à eau de la vallée du Saint-Laurent, Adam Villeneuve
Objets familiers de nos ancêtres, Genet Nicole
* **Sculpture ancienne au Québec, La,** Porter John R. et Bélisle Jean
Vive la compagnie, Daigneault Pierre

6

ROMANS/ESSAIS

Adieu Québec, Bruneau André
Baie d'Hudson, La, Newman Peter C.
Bien-pensants, Les, Berton Pierre
Bousille et les justes, Gélinas Gratien
Coffret Joey
C.P., Susan Goldenberg
Commettants de Caridad, Les, Thériault Yves
Deux Innocents en Chine Rouge, Hébert Jacques
Dome, Jim Lyon
Frères divorcés, Les, Godin Pierre
IBM, Sobel Robert
Insolences du Frère Untel, Les, Untel Frère
ITT, Sobel Robert
J'parle tout seul, Coderre Emile

Lamia, Thyraud de Vosjoli P.L.
Mensonge amoureux, Le, Blondin Robert
Nadia, Aubin Benoît
Oui, Lévesque René
Premiers sur la lune, Armstrong Neil
* Sur les ailes du temps (Air
Canada), Smith Philip
Telle est ma position, Mulroney Brian
Terrosisme québécois, Le, Morf Gustave
* Trois semaines dans le hall du Sénat, Hébert Jacques
Un doux équilibre, King Annabelle
* Un second souffle, Hébert Diane
Vrai visage de Duplessis, Le, Laporte Pierre

SANTÉ ET ESTHÉTIQUE

Allergies, Les, Delorme Dr Pierre
Art de se maquiller, L', Moizé Alain
Bien vivre sa ménopause, Gendron Dr Lionel
Cellulite, La, Ostiguy Dr Jean-Paul
Cellulite, La, Léonard Dr Gérard J.
Être belle pour la vie, Meredith Bronwen
Exercices pour les aînés, Godfrey Dr Charles, Feldman
    Michael
Face lifting par l'exercice, Le, Runge Senta Maria
Grandir en 100 exercises, Berthelet Pierre
Hystérectomie, L', Alix Suzanne
Médecine esthétique, La, Lanctot Guylaine
Obésité et cellulite, enfin la solution, Léonard
    Dr Gérard J.
Perdre son ventre en 30 jours H-F, Burstein Nancy et
    Matthews Roy
Santé, un capital à préserver, Peeters E.G.

Travailler devant un écran, Feeley Dr Helen
Coffret 30 jours
30 jours pour avoir de beaux
cheveux, Davis Julie
30 jours pour avoir de beaux
ongles, Bozic Patricia
30 jours pour avoir de beaux seins, Larkin Régina
30 jours pour avoir un beau teint, Zizmor Dr Jonathan
30 jours pour cesser de fumer, Holland Gary et Weiss Herman
30 jours pour mieux organiser, Holland Gary
30 jours pour perdre son ventre (homme), Matthews Roy,
    Burnstein Nancy
30 jours pour redevenir un
couple amoureux, Nida Patricia K. et Cooney Kevin
30 jours pour un plus grand épanouissement sexuel,
    Schneider Alan et Laiken Deidre
* Vos yeux, Chartrand Marie et Lepage-Durand Micheline

SEXOLOGIE

Adolescente veut savoir, L', Gendron Lionel
Fais voir, Fleischhaner H.
Guide illustré du plaisir sexuel, Corey Dr Robert E.
Helg, Bender Erich F.
Ma sexualité de 0 à 6 ans, Robert Jocelyne
Ma sexualité de 6 à 9 ans, Robert Jocelyne
Ma sexualité de 9 à 12 ans, Robert Jocelyne

Plaisir partagé, Le, Gary-Bishop Hélène
* Première expérience sexuelle, La, Gendron Lionel
* Sexe au féminin, Le, Kerr Carmen
* Sexualité du jeune adolescent, Gendron Lionel
* Sexualité dynamique, La, Lefort Dr Paul
* Shiatsu et sensualité, Rioux Yuki

7

le jour, éditeur

ANIMAUX

Guide du chat et de son maître, Laliberté Robert
Guide du chien et de son maître, Laliberté Robert

Poissons de nos eaux, Melançon Claude

ART CULINAIRE ET DIÉTÉTIQUE

Armoire aux herbes, L', Mary Jean
Breuvages pour diabétiques, Binet Suzanne
Cuisine du jour, La, Pauly Robert
Cuisine sans cholestérol, Boudreau-Pagé
Desserts pour diabétiques, Binet Suzanne
Jus de santé, Les, Brunet Jean-Marc

Mangez ce qui vous chante, Pearson Dr Leo
Mangez, réfléchissez et devenez svelte, Kothkin Leonid
Nutrition de l'athlète, Brunet Jean-Marc
Recettes Soeur Berthe - été, Sansregret soeur Berthe
Recettes Soeur Berthe - printemps, Sansregret soeur Berthe

ARTISANAT/ARTS MÉNAGERS

Diagrammes de courtepointes, Faucher Lucille
Douze cents nouveaux trucs, Grisé-Allard Jeanne
Encore des trucs, Grisé-Allard Jeanne

Mille trucs madame, Grisé-Allard Jeanne
Toujours des trucs, Grisé-Allard Jeanne

DIVERS

Administrateur de la prise de décision, Filiatreault P. et Perreault Y.G.
Administration, développement, Laflamme Marcel
Assemblées délibérantes, Béland Claude
Assoiffés du crédit, Les, Féd. des A.C.E.F.
Baie James, La, Bourassa Robert
Bien s'assurer, Boudreault Carole
Cent ans d'injustice, Hertel François
Ces mains qui vous racontent, Boucher André-Pierre
550 métiers et professions, Charneux Helmy
Coopératives d'habitation, Les, Leduc Murielle
Dangers de l'énergie nucléaire, Les, Brunet Jean-Marc

Dis papa c'est encore loin, Corpatnauy Francis
Dossier pollution, Chaput Marcel
Énergie aujourd'hui et demain, De Martigny François
Entreprise et le marketing, L', Brousseau
Forts de l'Outaouais, Les, Dunn Guillaume
Grève de l'amiante, La, Trudeau Pierre
Hiérarchie ethnique dans la grande entreprise, Rainville Jean
Impossible Québec, Brillant Jacques
Initiation au coopératisme, Béland Claude
Julius Caesar, Roux Jean-Louis
Lapokalipso, Duguay Raoul

Lune de trop, Une, Gagnon Alphonse
Manifeste de l'Infonie, Duguay Raoul
Mouvement coopératif québécois, Deschêne Gaston
Obscénité et liberté, Hébert Jacques
Philosophie du pouvoir, Blais Martin
Pourquoi le bill 60, Gérin-Lajoie P.

Stratégie et organisation, Desforges Jean et Vianney C.
Trois jours en prison, Hébert Jacques
Vers un monde coopératif, Davidovic Georges
Vivre sur la terre, St-Pierre Hélène
Voyage à Terre-Neuve, De Gébineau comte

ENFANCE

Aidez votre enfant à choisir, Simon Dr Sydney B.
Deux caresses par jour, Minden Harold
Être mère, Bombeck Erma
Parents efficaces, Gordon Thomas

Parents gagnants, Nicholson Luree
Psychologie de l'adolescent, Pérusse-Cholette Françoise
1500 prénoms et significations, Grisé Allard J.

ÉSOTÉRISME

* Astrologie et la sexualité, L', Justason Barbara
Astrologie et vous, L', Boucher André-Pierre
* Astrologie pratique, L', Reinicke Wolfgang
Faire se carte du ciel, Filbey John
Grand livre de la cartomancie, Le, Von Lentner G.
* Grand livre des horoscopes chinois, Le, Lau Theodora
Graphologie, La, Cobbert Anne
* Horoscope et énergie psychique, Hamaker-Zondag
Horoscope chinois, Del Sol Paula

Lu dans les cartes, Jones Marthy
* Pendule et baguette, Kirchner Georg
* Pratique du tarot, La, Thierens E.
Preuves de l'astrologie, Comiré André
Qui êtes-vous? L'astrologie répond, Tiphaine
Synastrie, La, Thornton Penny Traité d'astrologie, Hirsig Huguette
Votre destin par les cartes, Dee Nerys

HISTOIRE

Administration en Nouvelle-France, L', Lanctot Gustave
Histoire de Rougemont, Bédard Suzanne
Lutte pour l'information, La, Godin Pierre
Mémoires politiques, Chaloult René
Rébellion de 1837, Saint-Eustache, Globensky Maximillien

Relations des Jésuites T.2
Relations des Jésuites T.3
Relations des Jésuites T.4
Relations des Jésuites T.5

JEUX/DIVERTISSEMENTS

Backgammon, Lesage Denis

LINGUISTIQUE

Des mots et des phrases, T. 1,, Dagenais Gérard
Des mots et des phrases, T. 2, Dagenais Gérard

Joual de Troie, Marcel Jean

NOTRE TRADITION

Ah mes aïeux, Hébert Jacques

Lettre à un Français qui veut émigrer au Québec, Dubuc Carl

OUVRAGES DE RÉFÉRENCE

Petit répertoire des excuses, Le, Charbonneau Christine et Caron Nelson

Règles d'or de la vente, Les, Kahn George N.

PSYCHOLOGIE

Adieu, Halpern Dr Howard
Adieu Tarzan, Frank Helen
Agressivité créatrice, Bach Dr George *
Aimer, c'est choisir d'être heureux, Kautman Barry Neil
Aimer son prochain comme soi-même, Murphy Joseph *
Anti-stress, L', Eylat Odette
Arrête! tu m'exaspères, Bach Dr George *
Art d'engager la conversation et de se faire des amis, L', Grabor Don
Art de convaincre, L', Ryborz Heinz
Art d'être égoïste, L', Kirschner Joseph
Au centre de soi, Gendlin Dr Eugène *
Auto-hypnose, L', Le Cron M. Leslie *
Autre femme, L', Sevigny Hélène *
Dains Flottants, Les, Hutchison Michael *
Bien dans sa peau grâce à la technique Alexander, Stransky Judith *
Ces hommes qui ne communiquent pas, Naifeh S. et White S.G.
Ces vérités vont changer votre vie, Murphy Joseph *
Chemin infaillible du succès, Le, Stone W. Clément *
Clefs de la confiance, Les, Gibb Dr Jack
Comment aimer vivre seul, Shanon Lynn *
Comment devenir des parents doués, Lewis David *
Comment dominer et influencer les autres, Gabriel H.W. *
Comment s'arrêter de fumer, McFarland J. Wayne
Comment vaincre la timidité en amour, Weber Éric
Contacts en or avec votre clientèle, Sapin Gold Carol
Contrôle de soi par la relaxation, Marcotte Claude
Couple homosexuel, Le, McWhirter David P. et Mattison Andres M.
Devenir autonome, St-Armand Yves
Dire oui à l'amour, Buscaglia Léo *
Ennemis intimes, Bach Dr George *
États d'esprit, Glasser Dr William
Être efficace, Hanot Marc
Être homme, Goldberg Dr Herb *
Famille moderne et son avenir, La , Richar Lyn *
Gagner le match, Gallwey Timothy
Gestalt, La, Polster Erving

Guide du succès, Le, Hopkins Tom
Harmonie, une poursuite du succès, L' Vincent Raymond
Homme au dessert, Un, Friedman Sonya
Homme en devenir, L', Houston Jean
Homme nouveau, L', Bodymind, Dychtwald Ken
Influence de la couleur, L', Wood Betty
Jouer le tout pour le tout, Frederick Carl
Maigrir sans obsession, Orback Suisie
Maîtriser la douleur, Bogin Meg
Maîtriser son destin, Kirschner Joseph
Manifester son affection, Bach Dr George
Mémoire, La, Loftus Elizabeth
Mémoire à tout âge, La, Dereskey Ladislaus
Mère et fille, Horwick Kathleen
Miracle de votre esprit, Murphy Joseph
Négocier entre vaincre et convaincre, Warschaw Dr Tessa
Nouvelles Relations entre hommes et femmes, Goldberg Herb
On n'a rien pour rien, Vincent Raymond
Oracle de votre subconscient, L, Murphy Joseph
Parapsychologie, La, Ryzl Milan
Parlez pour qu'on vous écoute, Brien Micheline
Partenaires, Bach Dr George
Pensée constructive et bon sens, Vincent Dr Raymond
Personnalité, La, Buscaglia Léo
Personne n'est parfait, Weisinger Dr H.
Pourquoi ne pleures-tu pas?, Yahraes Herbert, McKnew Donald H. Jr., Cytryn Leon
Pourquoi remettre à plus tard? Burka Jane B. et Yuen L. M.
Pouvoir de votre cerveau, Le, Brown Barbara
Prospérité, La, Roy Maurice
Psy-jeux, Masters Robert
Puissance de votre subconscient, La, Murphy Dr Joseph
Reconquête de soi, La, Paupst Dr James C.
Réfléchissez et devenez riche, Hill Napoléon
Réussir, Hanot Marc
Rythmes de votre corps, Les, Weston Lee

11

S'aimer ou le défi des relations humaines,
 Buscaglia Léo
Se vider dans la vie et au travail, Pines Ayala M.
* Secrets de la communication, Bandler Richard
 Sous le masque du succès, Harvey Joan C.
 et Datz Cynthia
* Succès par la pensée constructive, Le, Hill Napoléon
 Technostress, Brod Craig
* Thérapies au féminin, Les, Brunel Dominique
 Tout ce qu'il y a de mieux, Vincent Raymond
 Triomphez de vous-même et des autres, Murphy Dr Joseph

Univers de mon subsconscient, L', Dr Ray Vincent
Vaincre la dépression par la
 volonté et l'action, Marcotte Claude
Vers le succès, Kassoria Dr Irène C.
Vieillir en beauté, Oberleder Muriel
Vivre avec les imperfections de l'autre, Janda Dr Louis H
* Vivre c'est vendre, Chaput Jean-Marc
* Vivre heureux avec le strict nécessaire, Kirschner Josef
Votre perception extra sensorielle, Milan Dr Ryzl
Votre talon d'Achille, Bloomfield Dr. Harold

ROMANS/ESSAIS

À la mort de mes 20 ans, Gagnon P.O.
Affrontement, L', Lamoureux Henri
Bois brûlé, Roux Jean-Louis
100 000e exemplaire, Le, Dufresne Jacques
C't'a ton tour Laura Cadieux, Tremblay Michel
Cité dans l'oeuf, La, Tremblay Michel
Coeur de la baleine bleue, Le Poulin Jacques
Coffret petit jour, Martucci Abbé Jean
Colin-Maillard, Hémon Louis
Contes pour buveurs attardés, Tremblay Michel
Contes érotiques indiens, Schwart Herbert
Crise d'octobre, Pelletier Gérard
Cyrille Vaillancourt, Lamarche Jacques
Desjardins Al., Homme au service, Lamarche Jacques
De Z à A, Losique Serge
Deux Millième étage, Le, CarrierRoch
D'Iberville, Pellerin Jean
Dragon d'eau, Le, Holland R.F.
Équilibre instable, L', Deniset Louis
Éternellement vôtre, Péloquin Claude
Femme d'aujourd'hui, La, Landsberg Michele
Femme de demain, Keeton Kathy
Femmes et politique, Cohen Yolande
Filles de joie et filles du roi, Lanctot Gustave
Floralie où es-tu, Carrier Roch

Fou, Le, Châtillon Pierre
Français langue du Québec, Le, Laurin Camille
Hommes forts du Québec, Weider Ben
Il est par là le soleil, Carrier Roch
J'ai le goût de vivre, Delisle Isabelle
J'avais oublié que l'amour, Doré-Joyal Yves
Jean-Paul ou les hasards de la vie, Bellier Marcel
Johnny Bungalow, Villeneuve Paul
Jolis Deuils, Carrier Roch
Lettres d'amour, Champagne Maurice
Louis Riel patriote, Bowsfield Hartwell
Louis Riel un homme à pendre, Osier E.B.
Ma chienne de vie, Labrosse Jean-Guy
Marche du bonheur, La, Gilbert Normand
Mémoires d'un Esquimau, Metayer Maurice
Mon cheval pour un royaume, Poulin J.
Neige et le feu, La, Baillargeon Pierre
N'Tsuk, Thériault Yves
Opération Orchidée, Villon Christiane
Orphelin esclave de notre monde, Labrosse Jean
Oslovik fait la bombe, Oslovik
Parlez-moi d'humour, Hudon Normand
Scandale est nécessaire, Le, Baillargeon Pierre
Vivre en amour, Delisle Lapierre

SANTÉ

Alcool et la nutrition, L', Brunet Jean-Marc
Bruit et la santé, Le, Brunet Jean-Marc
Chaleur peut vous guérir, La, Brunet Jean-Marc
Échec au vieillissement prématuré, Blais J.
Greffe des cheveux vivants, Guy Dr
Guérir votre foie, Jean-Marc Brunet
Information santé, Brunet Jean-Marc
Magie en médecine, Sylva Raymond
Maigrir naturellement, Lauzon Jean-Luc

Mort lente par le sucre, Duruisseau Jean-Paul
40 ans, âge d'or, Taylor Eric
Recettes naturistes pour arthritiques et rhumatisants,
 Cuillerier Luc
Santé de l'arthritique et du rhumatisant, Labelle Yvan
* Tao de longue vie, Le, Soo Chee
Vaincre l'insomnie, Filion Michel,Boisvert Jean-Marie,
 Melanson Danielle
Vos aliments sont empoisonnés, Leduc Paul

12

SEXOLOGIE

Aimer les hommes pour toutes sortes de bonnes raisons, * Nir Dr Yehuda
Apprentissage sexuel au féminin, L', Kassoria Irene
Comment faire l'amour à la même personne pour le * reste de votre vie, O'Connor Dagmar
Comment faire l'amour à un homme, Penney Alexandra
Comment faire l'amour ensemble, Penney Alexandra
Dépression nerveuse et le corps, La, Lowen Dr Alexander
Drogues, Les, Boutot Bruno

Femme célibataire et la sexualité, La, Robert M.
Jeux de nuit, Bruchez Chantal
Magie du sexe, La, Penney Alexandra
Massage en profondeur, Le, Bélair Michel
Massage pour tous, Le, Morand Gilles
Première fois, La, L'Heureux Christine
Rapport sur l'amour et la sexualité, Brecher Edward
Sexualité expliquée aux adolescents, La, Boudreau Yves
Sexualité expliquée aux enfants, La, Cholette Pérusse F.

SPORTS

Baseball-Montréal, Leblanc Bertrand
Chasse au Québec, Deyglun Serge
Chasse et gibier du Québec, Guardon Greg
Exercice physique pour tous, Bohemier Guy
Grande forme, Baer Brigitte
Guide des pistes cyclables, Guy Côté
Guide des rivières du Québec, Fédération canot-kayac
Lecture des cartes, Godin Serge
Offensive rouge, L', Boulonne Gérard

Pêche et coopération au Québec, Larocque Paul
Pêche sportive au Québec, Deyglun Serge
Raquette, La, Lortie Gérard
Santé par le yoga, Piuze Suzanne
Saumon, Le, Dubé Jean-Paul
Ski nordique de randonnée, Brady Michael
Technique canadienne de ski, O'Connor Lorne
Truite et la pêche à la mouche, La, Ruel Jeannot
Voile, un jeu d'enfants, La, Brunet Mario

ROMANS/ESSAIS/THÉÂTRE

Andersen Marguerite,
De mémoire de femme
Aquin Hubert,
Blocs erratiques
Archambault Gilles,
La fleur aux dents
Les pins parasols
Plaisirs de la mélancolie
Atwood Margaret,
Les danseuses et autres nouvelles
La femme comestible
Marquée au corps
Audet Noël,
Ah, L'amour l'amour

Baillie Robert,
La couvade
Des filles de beauté
Barcelo François,
Agénor, Agénor, Agénor et Agénor
Beaudin Beaupré Aline,
L'aventure de Blanche Morti
Beaudry Marguerite,
Tout un été l'hiver
Beaulieu Germaine,
Sortie d'elle(s) mutante

Beaulieu Michel,
Je tourne en rond mais c'est autour de toi
La représentation
Sylvie Stone
Bilodeau Camille,
Une ombre derrière le coeur
Blais Marie-Claire,
L'océan suivi de Murmures
Une liaison parisienne
Bosco Monique,
Charles Lévy M.S.
Schabbat
Bouchard Claude,
La mort après la mort
Brodeur Hélène,
Entre l'aube et le jour
Brossard Nicole,
Armantes
French Kiss
Sold Out
Un livre
Brouillet Chrystine,
Chère voisine
Coup de foudre
Callaghan Barry,
Les livres de Hogg
Cayla Henri,
Le pan-cul
Dahan Andrée,
Le printemps peut attendre
De Lamirande Claire,
Le grand élixir
Dubé Danielle,
Les olives noires
Dessureault Guy,
La maîtresse d'école
Dropaôtt Papartchou,
Salut Bonhomme
Doerkson Margaret, Jazzy
Dubé Marcel,
Un simple soldat
Dussault Jean,
Le corps vêtu de mots
Essai sur l'hindouisme
L'orbe du désir
Pour une civilisation du plaisir
Engel Marian,
L'ours
Fontaine Rachel,
Black Magic
Forest Jean,
L'aube de Suse
Le mur de Berlin P.Q.
Nourrice!... Nourrice!...
Garneau Jacques,
Difficiles lettres d'amour

Gélinas Gratien,
Bousille et les justes
Fridolinades, T.1 (1945-1946)
Fridolinades, T.2 (1943-1944)
Fridolinades, T.3 (1941-1942)
Ti-Coq
Gendron Marc,
Jérémie ou le Bal des pupilles
Gevry Gérard,
L'homme sous vos pieds
L'été sans retour
Godbout Jacques,
Le réformiste
Harel Jean-Pierre,
Silences à voix haute
Hébert François,
Holyoke
Le rendez-vous
Hébert Louis-Philippe,
La manufacture de machines
Manuscrit trouvé dans une valise
Hogue Jacqueline,
Aube
Huot Cécile,
Entretiens avec Omer
Létourneau
Jasmin Claude,
Et puis tout est silence
Laberge Albert,
La scouine
Lafrenière Joseph,
Carolie printemps
L'après-guerre de l'amour
Lalonde Robert,
La belle épouvante
Lamarche Claude,
Confessions d'un enfant d'un demi-siècle
Je me veux
Lapierre René,
Hubert Aquin
Larche Marcel,
So Uk
Larose Jean,
Le mythe de Nelligan
Latour Chrystine,
La dernière chaîne
Le mauvais frère
Le triangle brisé
Tout le portrait de sa mère
Lavigne Nicole,
Le grand rêve de madame Wagner
Lavoie Gaëtan,
Le mensonge de Maillard
Leblanc Louise,
Pop Corn
37 1/2AA

Marchessault Jovette,
   La mère des herbes
Marcotte Gilles,
   La littérature et le reste
Marteau Robert,
   Entre temps
Martel Émile,
   Les gants jetés
Martel Pierre,
   Y'a pas de métro à Gélude-
   La-Roche
Monette Madeleine,
   Le double suspect
   Petites violences
Monfils Nadine,
   Laura Colombe, contes
   La velue
Ouellette Fernand,
   La mort vive
   Tu regardais intensément Geneviève
Paquin Carole,
   Une esclave bien payée
Paré Paul,
   L'improbable autopsie
Pavel Thomas,
   Le miroir persan
Poupart Jean-Marie,
   Bourru mouillé
Robert Suzanne,
   Les trois soeurs de personneVulpera
Robertson Heat,
   Beauté tragique

Ross Rolande,
   Le long des paupières brunes
Roy Gabrielle,
   Fragiles lumières de la terre
Saint-Georges Gérard,
   1, place du Québec Paris VIe
Sansfaçon Jean-Robert,
   Loft Story
Saurel Pierre,
   IXE-13
Savoie Roger,
   Le philosophe chat
Svirsky Grigori,
   Tragédie polaire, nouvelles
Szucsany Désirée,
   La passe
Thériault Yves,
   Aaron
   Agaguk
   Le dompteur d'ours
   La fille laide
   Les vendeurs du temple
Turgeon Pierre,
   Faire sa mort comme faire l'amour
   La première personne
   Prochainement sur cet écran
   Un, deux, trois
Trudel Sylvain,
   Le souffle de l'Harmattan
Vigneault Réjean,
   Baby-boomers

COLLECTIFS DE NOUVELLES

Fuites et poursuites
Dix contes et nouvelles fantastiques
Dix nouvelles humoristiques

Dix nouvelles de science-fiction québécoise
Aimer
Crever l'écran

LIVRES DE POCHES 10/10

Aquin Hubert,
   Blocs erratiques
Brouillet Chrystine,
   Chère voisine
Dubé Marcel,
   Un simple soldat
Gélinas Gratien,
   Bousille et les justes
   Ti-Coq
Harvey Jean-Charles,
   Les demi-civilisés

Laberge Albert,
   La scouine
Thériault Yves,
   Aaron
   Agaguk
   Cul-de-sac
   La fille laide
   Le dernier havre
   Le temps du carcajou
   Tayaout

15

Turgeon Pierre,
Faires sa mort comme faire l'amour
La première personne

═══════NOTRE TRADITION═══════

Aucoin Gérard,
L'oiseau de la vérité
Bergeron Bertrand,
Les barbes-bleues
Deschênes Donald,
C'était la plus jolie des filles
Desjardins Philémon et Gilles Lamontagne,
Le corbeau du mont de la Jeunesse
Dupont Jean-Claude,
Contes de bûcherons

Gauthier Chassé Hélène,
À diable-vent
Laforte Conrad,
Menteries drôles et merveilleuse
Légaré Clément,
La bête à sept têtes
Pierre La Fève

═══════DIVERS═══════

A.S.D.E.Q.,
Québec et ses partenaires
Qui décide au Québec?
Bailey Arthur,
Pour une économie du bon sens
Bergeron Gérard,
Indépendance oui mais
Bowering George,
En eaux trouble
Boissonnault Pierre,
L'hybride abattu
Collectif Clio,
L'histoire des femmes au Québec
Clavel Maurice,
Dieu est Dieu nom de Dieu
Centre des dirigeants d'entreprise,
Relations du travail
Creighton Donald,
Canada - Les débuts
héroïques
De Lamirande Claire,
Papineau
Dupont Pierre,
15 novembre 76
Dupont Pierre et Gisèle Tremblay,
Les syndicats en crise
Fontaine Mario
Tout sur les p'tits journaux z'artistiques
Gagnon G., A. Sicotte et G. Bourrassa,
Tant que le monde s'ouvrira
Gamma groupe,

La société de conservation
Garfinkel Bernie,
Liv Ullmann Ingmar Bergman
Genuist Paul,
La faillite du Canada anglais
Haley Louise,
Le ciel de mon pays, T.1
Le ciel de mon pays, T.2
Harbron John D.,
Le Québec sans le Canada
Hébert Jacques et Maurice F. Strong,
Le grand branle-bas
Matte René,
Nouveau Canada à notre mesure
Monnet François-Mario,
Le défi québécois
Mosher Terry-Aislin,
L'humour d'Aislin
Pichette Jean,
Guide raisonné des jurons
Powell Robert,
L'esprit libre
Roy Jean,
Montréal ville d'avenir
Sanger Clyde,
Sauver le monde
Schirm François,
Personne ne voudra savoir
Therrien Paul,
Les mémoires de J.E.Bernier